给家长的
36堂阅读指导课

徐宏洲——著

清华大学出版社
北　京

图书在版编目（CIP）数据

给家长的 36 堂阅读指导课 / 徐宏洲著. —北京：清华大学出版社，2024.4
（陪你读书）
ISBN 978-7-302-65380-6

I. ① 给… II. ① 徐… III. ① 阅读辅导—家庭教育 IV. ① G252.17 ② G78

中国国家版本馆 CIP 数据核字（2024）第 043504 号

责任编辑：王如月
装帧设计：李　唯　李　镆
责任校对：王凤芝
责任印制：沈　露

出版发行：清华大学出版社
　　　　　网　　址：https://www.tup.com.cn, https://www.wqxuetang.com
　　　　　地　　址：北京清华大学学研大厦 A 座　　邮　编：100084
　　　　　社 总 机：010-83470000　　　　　　　邮　购：010-62786544
　　　　　投稿与读者服务：010-62776969, c-service@tup.tsinghua.edu.cn
　　　　　质量反馈：010-62772015, zhiliang@tup.tsinghua.edu.cn
印 装 者：小森印刷霸州有限公司
经　　销：全国新华书店
开　　本：165mm×235mm　　　印　张：14.25　　　字　数：151 千字
版　　次：2024 年 4 月第 1 版　　　　　　　印　次：2024 年 4 月第 1 次印刷
定　　价：59.80 元

产品编号：102839-01

让家长有的放矢，孩子开卷有益！

前　言

　　作为一位从教 15 年的语文教师，笔者被问过最多的相似问题有如下三个。

　　问题一："花生粥老师，为什么我家孩子看了那么多书，可是写作文还是一塌糊涂？"

　　的确，很多热爱读书的孩子看书时聚精会神，周身散发着可爱的弧光，家长看着就欣慰——"老父亲、老母亲终于培养出一个热爱学习的娃……"然而一旦让孩子分享一下自己读书的感受，或是付诸笔端，刚才的喜笑颜开会瞬间土崩瓦解。孩子看过的书如同泥牛入海消失不见。这时候，孩子好似一个"茶壶"，不管肚子里有没有饺子，反正什么都倒不出来。

　　这是为什么？因为阅读和写作不一样。

　　问题二："花生粥老师，有没有适合我家孩子的书单？我在网上给孩子买回来，让他赶紧看完……"

　　网购的出现，使人们在购书时渐渐遗忘了还有书店这样一个地方。每当我途经新华书店，看到门可罗雀的萧条景象时，常常感慨童年时期最喜欢和朋友们去的地方，正是这个充满知识的"天堂"。也许有人说，在何处买书只不过是种手段，网络购书的便利是时代的进步。每次听到这样的回答，我总会想起那句有趣的话——"书非借不能读也"。

这是为什么？因为读书需要仪式感。

问题三："花生粥老师，我家孩子就是不喜欢看书，怎么办？"

有趣的是，还有个相关的问题是："为什么我家孩子只喜欢阅读特定的书，看好几遍还不放手？"孩子的成长没有统一的标准和模式，也没有一种明确易找、行之有效的方法让孩子按照家长的意愿时间表成长。不喜欢看书的孩子也许学习成绩很突出，只喜欢看特定书目的孩子也许更容易触类旁通……

这又是为什么？因为孩子的阅读在起步阶段不仅仅是他们自己的事。

诸如此类的问题，在我准备本书书稿之前、之中，甚至之后的时间里都会反复地出现。这些都是当代家长朋友在孩子阅读习惯养成过程中绕不开的重要议题。

时代在发展，一代人有一代人的学习方式。笔者小时候，读书就是自己的事情，周围很少有家长懂得从孩子自身需要和科学引导等角度出发，帮助孩子建立良好的阅读习惯。当代家长对于孩子阅读这件事非常重视，这当然是好事。然而，该用什么样的方法，运用什么样的技巧，怎样走出误区，是无法用一两句话能讲明白、说清楚的。

这就是我写这本书的初衷。

如果你问我，家长该采取什么样的策略帮助孩子热爱读书且养成良好的阅读习惯？我的回答一定是：按照正确的方式，解决孩子阅读和成长过程中的一系列问题。只有家长"有的放矢"，孩子才能做到"开卷有益"。

差不多十年前，我在网络平台上开通的给中小学生讲世界名著的音频专辑《花生粥：中小学生名著趣谈》获得了万千同学的喜爱。自此，很多家长朋友咨询我关于孩子在阅读过程中的诸多问题，这才有了这本书要解答的诸多问题。五六年前，拙作《给孩子的24堂经典阅读课》甫一问世便受到好评，这也给我写作本书提供了动力。这本名为《给家长的36堂阅读指导课》，可以算是《给孩子的24堂经典阅读课》的姊妹篇。

孩子阅读习惯的养成不仅依赖于正确的方法，而且还要避免走入常见的误区。如果你也认为阅读的习惯养成对于孩子的一生都有很重要的影响，那请翻开这本书，它将解答那些困惑家长朋友许久的问题。

徐宏洲

癸卯年岁末于北京

目　录

第二部分：习惯，要这样养成

第四部分：误区，走出来不易

第一部分

阅读，从这里开始

第一课　识字量

万丈高楼平地起，识字不够等于没电梯

【开篇有关注】

在听、说、读、写这四个语言学习的基础行为里，后两项都依赖于识字，"听"和"说"可以不以识字为基础，但是"读"和"写"则完全不可能在不识字的前提下完成。而且相比较而言，"读"和"写"的难度确实会更高。

在孩子成长的过程中，是否能够更好地"读"和"写"是语文学习水平高低的表现，因此"读"和"写"的基础必须夯实。

识字量

首先，要认识这个关键词。

识字量，即认识语言基本组成单位的数量。假设以英语学习举例，这个概念即为"词汇量"。英文学习的"识字量"不是认识英文字母的数量，英文一共 26 个字母。大部分孩子，一周之内这 26 个字母，连带着常见的单词都能比较熟练地记住。

英文学习水平优劣的一个基础标准就是掌握的词汇量，与之相对应的，在英语国家，孩子们掌握词汇量有比较科学的体系，即英文的分级阅读体系，比如蓝思体系、GRL 体系等。

此类分级体系在本质上殊途同归，无论使用哪一个体系都不影响英文语言学习的进阶和对应思维习惯的养成。因此在英语国家，会用词汇量来衡量不同阶段的学生语言掌握的情况。英语学习领域有个观点，在美国，一个成年人需要掌握的词汇为 2 万~3 万个，但是日常使用的也就 1 万多个。

我们国家的学生在学习英语的时候，因为是一门外语，不会像母语要求那么高，义务教育阶段需要掌握的英语词汇要求是 2 000 多个。相较之下会发现，如果真正用英文交流，或者在英语国家生活，上述词汇量是完全不够的。

为什么要举这个例子？很简单，因为汉语的学习基础不是词汇，而是汉字。英语用词汇量作为衡量标准是因为这是一门拼读语言，能写出来也基本能读出来，字母的不同排列组合成新的词，所以英语的字母虽然很少，但词汇量每年都在增加。

而汉语体系里，汉字是读音、写法和意思三者分开的，会读的字不一定知道什么意思，能写出来的字有可能读不出来，听过很多次的字很多成年人也许都没有办法写对，并且很多汉语的词汇也不需要像英语那样先记忆再理解。比如有个英语单词叫 computer，对于不知道这个词的人来说，computer 是什么意思要么别人告诉我，要么自己查词典，因为英语词汇的读音写法和语义是分离的。而大部分汉语的词汇是汉字的组合，如果知道汉字的意思，组合起来的词汇基本也能明白，比如 computer 无论是翻译成"计算机"还是"电脑"，我们基本能猜到这是用于计算的机器，或者形象一点，这是"通电的脑子"。

因此，汉语学习里，一般不说汉语的词汇量是多少，而是识字量多少。

为何识字量重要

识字量能够决定什么，又能起到什么作用呢？

举个例子，比如我们阅读一首诗。这首诗中有一句被朱自清引用在《春》这篇散文里："'吹面不寒杨柳风'，不错的，像母亲的手抚摸着你。"

这句诗因为入选了中学课文，实际上要比原诗流传更广。原诗作者是南宋一位和尚诗人，法号志南，这首诗名为《绝句》。全诗是"古木阴中系短篷，杖藜扶我过桥东。沾衣欲湿杏花雨，吹面不寒杨柳风"。

如果只看最后两句，读起来能够很快明白这首诗的意境，但是第一句"古木阴中系短篷"中的这个"系"是多音字，是读成"系列"的"xì"还是"系鞋带"的"jì"？第二句"杖藜扶我过桥东"中的"藜"并不常见。前两句里各有一个字读起来很容易令人心里"犯嘀咕"，此时很多人因为拿不准读音，所以大部分脑力活动都放在判断这两个字读什么上了。如果我们没有办法快速反应出来基本的文字含义，那么很难深入诗歌里体会作者的诗意。

如果是孩子，因为其不能确定字的读音，进而无法确定语义，最后导致无法理解语言的背后所指。同样，如果一个人词汇量不够，在阅读英语文字时，会出现把注意力放在回忆、分析、联想单词是什么含义上。如此一来，效率很低，时间长了更没有成就感，久而久之，英语学习的劲头也会下降。所以我们在英语学习的初级阶段都是大量背单词，词汇量是英语学习进步的基础。

再回到汉语的识字量，很多学生的识字量仅仅满足于学校义务教育的课堂教学。根据最新版的义务教育语文课程标准，对于常用汉字，小学一二年级学生认识 1 600 个汉字，会写 800 个；三四年级学生认识 2 500 个汉字，会写 1 600 个；五六年级学生认识 3 000 个汉字，会写 2 500 个。学生上了初中以后，认识 3 500 个汉字就可以了。

但是别忘了，这是义务教育阶段最基本的要求。如果我们按照这个识字量作为标准，那么有很多文化常识，包括生僻字都只能湮没在历史的尘埃里了。这里要补充一句，生僻字是不常使用的汉字，不代表没有用处，生僻字表达的特定含义是会一直存在的。

至此，读者应该已经很清楚，一个人认识汉字越多，使用越熟练，阅读作品的效率就会越高。

还是用刚才志南和尚的《绝句》举例。这首诗出现在 2018 年某地中考语文的诗词鉴赏题里，试想一下，如果孩子在阅读这首诗的时候，不需要去考虑前两句的一个多音字和一个非常用字，那是否会提高自己完成题目的效率？试着"复盘"一下孩子脑海中的思维过程，如果识字量不够，这首诗读起来会变成"古木阴中什么短篷，杖什么扶我过桥东"……

识字量的作用是识字量越多，阅读文本的难度越低、效率越高。

如果要读《红楼梦》

再举一个例子，《红楼梦》是很多家长希望孩子阅读的经典名著。笔者曾经遇到一位母亲，她家孩子今年十岁，问是否可以读原版《红楼梦》。我说有点早，孩子识字量可能还不够，先不考虑孩子能不能理解曹雪芹的写法和悲剧思想等较为高深的文学鉴赏范畴的内容，让十岁的孩子读《红楼梦》，难度就是识字量不够，会造成阅读困难。如果孩子在较小的时候读过不少古诗词和古代文学作品，那对于阅读原版名著的效果可能会更好。

绝大多数处在义务教育阶段的孩子是没有办法顺利阅读《红楼梦》的，其中很主要的一个原因是这部巨著中的生僻字很多。在孩子阅读兴趣旺盛的年纪，尽量不要选择打击阅读积极性的文本，好比一个人刚对打篮球感兴趣，不要让他直接参加职业比赛一样，因为挫败会使其失去兴趣和成就感，不利于从兴趣转化成习惯。

有趣的是，笔者后来问这位母亲为何对孩子有这么高的要求，家长的回答也很直接——听说张爱玲十来岁就已读完《红楼梦》。

这位尽责的妈妈对自家孩子的期待值是以张爱玲的标准来制订的，这一点值得商榷。我建议这位母亲，真要是自己喜欢《红楼梦》，不妨选择亲自给孩子讲讲；非要让孩子自己读，可以先看看青少版的《红楼梦》；非要看原版的，那需要准备好字典等阅读辅助工具，遇到不会的字词查好并写在本子上，这样重复出现的陌生字词就不需要反复查询了。

这种让孩子在读书的时候积累字词、提高识字量的做法，很大程度上依赖文本的可读性。书的可读性越高，越能减少在跳过不认识的字、不了解的词义时所带来的挫折感。这时候识字是个附带目的，让孩子感受阅读的乐趣才是最主要的。而阅读《红楼梦》，哪怕是青少版的也未必是很好的选择。

总结一下，在孩子的阅读行为中最重要的一个环节是识字量的增长，建议家长朋友在孩子刚开始学习识字的阶段，加强孩子对于文字的读写和对话训练。如果是一二年级前后，可以在上学放学的路上不断让孩子们阅读广告牌，在家里读报纸等简单文本，三四年级之后可以让孩子在查字典中找到自我学习的方法。

【阅后有思考】

如果对于孩子的识字量不能明确判断，可以定期让孩子阅读日常报纸、刊物上的某段文字，看看孩子在规定的时间内能读多少、准确率是多少，隔一段时间看看孩子是否有进步。本节可以思考这样一个问题，孩子识字是否一定要严格按照教科书的学习进度？

第二课　鼓励法

鼓励是比激励和表扬更好的教育方法

【开篇有关注】

我们先看下面两组对话。

第一组：

"妈妈，这本书我已经看一半了。"

"你怎么看这么慢，隔壁家孩子有你这个时间两本书都看完了。你怎么这么笨，赶紧给我看完，下次再看这么慢，就不给你买书了，反正也是浪费。"

第二组：

"妈妈，这本书我已经看一半了。"

"哇，宝贝儿你可真棒，已经看完一半了，妈妈都不知道这本书这么有意思，等你全看完了，给妈妈讲讲这本书到底说了什么故事，好不好？"

上面两组对话是针对孩子同一种阅读情况，家长有不同的回应。很显然，第一组让成年人都有些窒息的感觉，更何况是孩子。但是第二组则对孩子阅读有帮助。这涉及本节要和各位家长朋友分享的话题——鼓励是比激励和表扬更好的教育方法，尤其是在孩子刚开始愿意读书的时候。

鼓励、激励和表扬

鼓励、激励和表扬，这三个概念是有交集的，很多时候我们对孩子行为的某一种反馈是同时包含这三个概念的。比如当孩子在赛场上跑 400 米的时候，只剩下最后 50 米了，家长如果在场边，可能会大声呼喊："加油！加油！马上就要第一个冲线了。"如果家长的语言或行为同时能够满足这三个概念带来的良性结果，那无疑是更好的。

然而在实际生活中，家长面对孩子读书学习的行为，往往没有办法做到三者同时兼顾，所以这里特别指出家长在家庭教育过程中，对孩子进行正向引导时的心态问题。

应该多采用鼓励的心态，而不是物质激励或单纯表扬的心态。

我们设定一个场景，区分一下这三个概念。假设孩子期末考试考了 95 分，作文扣了 5 分。这时候回到家的孩子上交了自己的成绩单，家长可能会有如下的表述：

"考得不错，这 100 元拿去，买你喜欢的东西，奖励一下，下次考满分，奖励 200 元。"——这是物质激励。

"考得不错，下次争取考满分，我相信你一定可以。"——这是精神激励。

"考得不错，爸爸（妈妈）小时候都没有考这么高分。"——这是单纯表扬。

"考得不错，快让我看看你写了什么主题的作文，下次再考这个主题我觉得你肯定能拿满分。"——这是鼓励。

显然，对于孩子来说，短期的快乐可能来自物质激励。而精神激励或单纯表扬，时间一长会失去第一次出现的价值，只有鼓励的方式能够帮助孩子更具体地认识学习。

为何要鼓励孩子

首先，在家庭教育中，鼓励可以培养孩子的独立思考和创新能力。回到上面的对话，孩子考试没有得到满分，这时候最重要的不是让孩子沉浸在已经取得的成绩里，而是要让他知道考试的检测机制，指出他的不足。但是直接指出孩子的不足可能会伤害到孩子的自尊心，这时候通过鼓励的方式，引导孩子自己发现可以提高的点，更利于激发孩子的学习自主性。

更进一步，很多孩子的创新能力都是经由家长鼓励出来的，不是打击，不是欺骗，也不是单纯表扬或提供物质奖励。鼓励可以让孩子更加有信心去尝试和创新，让他们更加有勇气去迎接未知的挑战。

其次，鼓励还可以促进孩子的自我发现，解决遇到的问题。还是上文的对话，我们可以思考一下家长不同语言背后的动机。只有鼓励的语言才能够"艺术性地"告诉孩子身上的不足，而不会让孩子单纯迷失在已经取得的成绩中。

我们再假设一个场景，一个刚刚学会勾股定理的学生，还没有完全理解透彻，只是单纯记住了公式，如果他遇到一个非直角三角形，发现没有办法直接套用公式。这时候我们通过鼓励，可以帮助他自己发现直角三角形和非直角三角形的区别。

最后，在鼓励下成长起来的孩子，可以拥有更加积极的心态。

孩子在成长学习和生活中，难免遇到各种各样的困难和挑战，而鼓励可以让孩子更加乐观地面对这些困难和挑战。还是以上文对话为例，我们不妨再从孩子的角度想想，是不是更喜欢从家长嘴里听到鼓励性的语言。不断的鼓励可以让孩子更加健康地成长，从而成功地实现自己的梦想和目标。

如何鼓励孩子

笔者的好朋友某次带着自己刚上小学的孩子去爬山，山很高，属于站在山脚下就令人望而却步的那种。孩子一看就想放弃，这时候朋友拿出钱来，同时说："只要你爬了，爸爸就给你 500 元，如果爬到山顶，就给你 600 元……"

孩子想了一下，说道："100 元就行了，我只爬到那个亭子……"（肉眼可见的山脚下的亭子）

周围一起爬山的大人们哑然失笑。

其实，很多家长朋友都知道要对孩子循循善诱，不能一味地选择批评或打击式教育，但是一到具体场景中，便习惯性地采用激励或表扬的方式来引导孩子。

那该如何做好鼓励？有三个建议提供给各位家长朋友。

建议一：具体深入的语言鼓励。前文已有提及，在鼓励孩子的时候不能只是单纯说教，一定要结合具体化的场景，即便是仅仅出于表扬孩子的动机，也需要和具体场景相结合。比如孩子刚刚结束了《小王子》这本书的阅读，不要只是称赞孩子"真棒，又看完了一本书"，而是采用具体到这本书的方式予以鼓励，比如可以这样表达：

"已经读完《小王子》了，你真是一个热爱读书的小王子（或玫瑰花）!"

"读完了《小王子》之后是不是还想看《小公主》？有没有这本书呢？有的话一定也能很快看完。"

这种语言鼓励的方式会让孩子感觉到家长是在真正关心自己的阅读，而非敷衍。

建议二：以身作则的行为鼓励。 我们常说家长是孩子人生第一位老师，很多时候孩子的成长依赖于家长的表率作用。家长自身的行为对孩子的影响甚至超过学校里老师对孩子的影响。

笔者曾经的一位同事是一位教授，她的孩子非常热爱读书。别人向她请教秘诀，她说："也没有什么，只是每天孩子放学回来我会告诉他'你看妈妈在干什么，你就要干什么'。我每天回家都在伏案工作，要么读书，要么做研究，时间长了，孩子也养成了读书的习惯。"

现在所谓的"书香门第"，并不在于家里的书架多高，书桌多大，而仅仅在于书架旁书桌边的家长在做什么，孩子会因为家长的行为而受到鼓励，在潜移默化中养成读书的习惯。

建议三：关键时刻的表态鼓励。 柳青在《创业史》里写道："人生的道路虽然漫长，但紧要处常常只有几步，特别是当人年轻的时候。"孩子的成长过程转瞬即逝，还没注意到孩子的变化，他们已经有了小大人的模样。在此过程中，孩子的阅读是有几个关键节点的，如第一次独立阅读完一本书，第一次不需要查字典完成阅读，

第一次读完大部头的作品等。

在诸如此类的关键时刻，家长要和以往的鼓励有所区别（本书后文也将提到关于"仪式感"的有关内容），让孩子在取得某些成绩的时候，知道在成长道路上，父母始终陪伴在自己身边。家长在关键时刻给予孩子的支持，无异于会帮助孩子建立更美好的童年回忆。

【阅后有思考】

本节我们分享了为何鼓励是比激励和表扬更好的教育方式，同时，我们也要注意到鼓励并不是盲目的肯定和纵容。在对孩子阅读的家庭教育中，也需要在适当时候给予孩子合理的建议和适当的批评。我们不妨思考这样一个问题，如果总是鼓励孩子，而没有具体的建议，鼓励会变成什么？

第三课　阶段性

你的孩子可能只是处于阅读的初级阶段

【开篇有关注】

经常有家长朋友觉得自己的孩子比同龄人阅读速度慢，或者阅读量少，不知道该怎么办，问到笔者这里。我通常的回答都是请不要着急，很多时候并不是孩子阅读能力不行，可能他只是还停留在阅读的最初阶段。

阅读的阶段性

前文提到过，有个 10 岁孩子的妈妈咨询笔者，孩子现在能不能读原版《红楼梦》。这个例子在下文还会出现，今天先给大家分享笔者的处理方法。

这位孩子的母亲喜欢《红楼梦》，所以想让孩子也能尽快阅读这样大部头的作品。笔者在了解孩子的阅读情况后，建议是不要读。

直观判断，10 岁的孩子，即小学三四年级的学生，即便是识字量足够，他能独立地去理解这本旷世巨著吗？如果还需要别的讲解从旁辅助，那并不是孩子的独立阅读。如果强行让孩子读完《红楼梦》，阅读过程中的困难极有可能会打击孩子的积极性。

更重要的判断是，《红楼梦》不适合这个时期的孩子阅读。

一般来说，孩子的阅读大致可以分为两大阶段四个时期。

第一大阶段是识字阶段，即孩子还不具备独立阅读纯文字书籍的阶段，一般会有两个时期，一个是翻书时期，孩子会对书产生兴趣；另一个是图片期，孩子开始通过图像和少量文字接受书中的内容。

第二大阶段是自主阅读阶段，本阶段也有两个时期，一个是纯故事时期，孩子会慢慢掌握阅读的主动权，这时候会发现孩子已经不喜欢家长在旁边了，甚至会把书抢过来自己看。这个阶段阅读故事，孩子使用眼睛已经超过了使用耳朵，阅读这件事进入了孩子自己独立的学习状态，这时候家长最好不要在孩子阅读的过程中过分干预。另一个是纯文字期，这时候孩子已经彻底走上了自主阅读的道路，阅读已经不仅仅局限在故事的范畴，其他知识类型的书籍，比如《十万个为什么》《时间简史》，甚至有些专业领域的理论书籍，都会成为孩子的兴趣点。

明确了两个阶段四个时期，现在再来看《红楼梦》属于哪个阶段的阅读内容。

《红楼梦》是中国古典小说的顶峰，在人物形象塑造、情节内容处理、社会文化风俗、语言文字表达等方面都很精湛，孩子在成长过程中还是建议阅读的。《红楼梦》本身也可以说只是一个故事，但这是很庞大复杂的一个故事，大到孩子们不可能在一开始接触的时候就会完全接受，也不可能完全理解，因为他们的生活经验相对较少，最多是对书中的部分故事情节有兴趣，但情节只是故事的组成要素之一，并不是全部。更何况《红楼梦》已经是比"故事"更高级的艺术形式，这是"文学作品"，应该是在第二个阶段里的第二个时期之后再考虑阅读的文本，阅读前需要做好很多的准备工作才可以顺畅阅读。

举个可能不恰当的类比，让 10 岁的孩子阅读《红楼梦》，和让他去解微积分方程差不多，不能只看到这是个"方程"，就忽略了这是微积分。同样都是故事，《红楼梦》和《机器猫》之间的差异，可能比微积分和加减乘除四则运算的差异还大。

文本难度决定阅读阶段

有的家长会在孩子小时候教孩子背诵唐诗宋词。诗最开始肯定是要从《静夜思》开始，不会一上来就背诵全篇的《行路难》或者《梦游天姥吟留别》。这不仅是字数多少的问题，而是对于孩子来说，《静夜思》所表达的思念家乡的意境是好理解的，孩子背诵下来的过程中甚至不需要家长过多解释，凭借"举头望明月，低头思故乡"即可明白其画面和情感。而《行路难》则不行，且不说有一些较为陌生的字，表示酒杯的"金樽"，表示扔筷子的"投箸"，等等，孩子读下来之后能直接理解李白想表达的开阔气象吗？

还有"长风破浪会有时，直挂云帆济沧海"这种表达方式和表现手法，孩子需要掌握一定的文学知识，特别是李白的生平以后才能懂得其妙处。

《红楼梦》的阅读难度要比《行路难》更大，可能对于孩子们来说也是"难于上青天"。但是也有路可走，不是绝路，路在何方？路在脚下。

如果想要阅读《红楼梦》，那么在阅读之前至少要阅读《西游记》

《水浒传》《三国演义》当中的两本，还不能是青少版的。此举主要是为了熟悉明清时期作品的表达方式，相对于《红楼梦》的庞大，《西游记》《水浒传》《三国演义》也都在孩子的接受范围之内。

因此，以四大名著为例，从阅读的阶段来说，建议按照下面的阅读顺序：

第一步，先从青少版的故事开始看起。

第二步，等到对故事情节有了了解，可以读除了《红楼梦》之外的三大名著的原版。

第三步，有了至少两本名著作为基础，之后可以读原版《红楼梦》。

阅读阶段不能跨越

将上面的阅读顺序推而广之，孩子在进行阅读的时候，任何一本书出现在什么阶段是需要考虑的。之前有的家长朋友咨询过笔者类似的问题，比如五年级该读什么书？刘慈欣的作品，四年级读合不合适？孩子是不是上了中学之后就不能看绘本了？等等。

此类问题笔者在回答之前，都会询问孩子曾经读过什么书。这里要注意的是，不要只看孩子现在所处的年级，这是人为划分的限制，而孩子读书的节奏和速度是不能这么简单划分的。有的孩子上小学之后才知道什么叫作汉语拼音，而有的孩子幼儿园就认识好几百个汉字了，提供给这两类孩子日常读的书目能是一样的吗？

再和大家分享一个例子。笔者的好朋友，是一位律师，他的夫人在高校工作。有一次他的夫人咨询我，孩子现在要不要学习"大语文"？笔者的回答是，孩子才 4 岁，这在以前是属于蒙学的范畴。蒙学是启蒙的学问，因此现在最重要的是要识字，家长带着读绘本之类的就可以了。

而当前所谓与"大语文"相关的知识，其实没有一个明确的范畴和概念，有时候国学、文学、史学、哲学等让人眼花缭乱的内容都摆在家长面前，孩子不可能还没认字就能完全理解传统文化。

所以我给朋友夫人的建议是，可以先试着带孩子背诵简单的古诗，掌握古汉语的语言节奏和韵律美感，待孩子的兴趣被激发之后再慢慢引入其他内容。

本节内容意在表明，孩子的阅读训练在不同时期有不同的方法。用比较流行的话说，时间可能缩短，但阶段不会跨越。

笔者曾和北京市几所著名小学的教师一起进行相关研究，根据研究成果，在小学一二年级及学前时候应该以绘本阅读为主，要选择有知识含量的，能引起孩子阅读兴趣的绘本作为支撑，围绕绘本进行阅读。

三四年级进入儿童文学阅读阶段。这里要解释一下，儿童文学是指专门写给孩子们的文学作品，不是纯文学作品，比如贾尼·罗大里、阿斯特丽德·林格伦、E. B. 怀特，还有我国的沈石溪、郑渊洁等作家的作品都基本属于儿童文学的范畴，适合作为三四年级，甚至阅读习惯没完全养成的五六年级学生的阅读文本。

五六年级实际上已经可以进入成人文学的世界了，这时候等着孩子们的已经不是沙滩和峡湾，而是整个文学世界的汪洋和波涛。

孩子如果要驶向远方，之前需要在沙滩上建好航船，练好扬帆。

另外，有些孩子的阅读问题并不是阶段的问题，而是本身具有阅读障碍。这和智商无关，只不过是一种大脑综合处理视觉和听觉信息的不协调，前期会表现为阅读过程中的理解能力不够或者表达不出，一般10岁之前就能看出来。这并不是解决不了的问题，很多时候都可以通过早期干预和特殊的教育方法进行改善。阅读如果单纯作为行为看，只是学习的一种方式和工具，孩子使用这个工具必然包含教授、实践、练习等阶段，不会一蹴而就，即便这种工具孩子一开始用得不顺手，那也不要紧，在其他方面加强就是了。

【阅后有思考】

本节阐述了孩子阅读的两大阶段四个时期，并且通过例证说明孩子的阅读阶段不能跨越的问题。我们可以思考一下，应该在什么时候开始让孩子阅读"哈利·波特"系列故事？

第四课　积累度

日积月累的不仅是知识，更是习惯和态度

【开篇有关注】

有一个话题近年一直被讨论，当代社会是更需要专才，还是更需要全才。还有的人提问为什么像达·芬奇那样精通多种技术、涉猎甚广的人越来越少了。解释之一是随着时代的发展，各学科的知识越来越多、越来越精深，要想深耕某一个具体学科的时间都不够，根本不可能有精力去精通多个学科，所以现在是不可能出现全才型人的。

那么，如果社会的发展是朝这个方向迈进的话，家长是不是应该在孩子小的时候开始着力培养孩子某一个方面的特长，只让他接触特定领域并一学到底？如果这样确实对孩子有好处，我们是否应该只让孩子学好某个领域的知识就可以？笔者的回答是否定的。无论这个社会的知识发展成什么样，对于孩子来说，应该做的是尽可能地扩大阅读领域。

兴趣点的激发

有家长朋友曾经咨询笔者，如果孩子只喜欢阅读某一类的图书该怎么办。比如只喜欢看哈利·波特的故事，或者只喜欢看漫画等。笔者的方法基本都是将孩子的阅读导向到其他书目。为什么？原因有两个，孩子的兴趣点一个是挖掘出来的，另一个是被激发出来的。

前者的意思是，孩子的阅读兴趣很多时候是连他自己都不知道的，只有他真正接触到了，才会对某个特定的领域感兴趣。比如有的孩子以前没有看过科幻类的作品，看了《安德的游戏》之后，觉得很对自己的胃口，于是开始拼命看这类作品。我们不妨延展开想一下，之所以这样是因为孩子还没开始看其他类别的作品，如果孩子还能接触到不同领域的入门图书，是不是阅读兴趣的通道又能再多打开一条？这样阅读体验次数一多，孩子的兴趣自然可以广泛，但这种阅读兴趣是靠家长提供土壤来挖掘的。如果看到孩子爱看科幻，就只给孩子买科幻类型的书，那就助长了某种阅读偏好，其实是"图省事"的做法。

后者说"孩子的兴趣点是激发出来的"，意思是很多孩子的兴趣点不会天生遗传自父母，而是需要别人的引导。引导好了自然可以往更广阔的阅读面去拓展，引导不好有时候会错过最好的读书期。

笔者某次在一个社区里给小学五六年级的孩子们作讲座，主题内容是《〈三国演义〉的文学和历史的真相》，照理说五六年级的孩子即便没看过《三国演义》的原版，电视剧应该是看过的，对人物应该是有印象的。但现场孩子的表现差异之大令人难忘，有的孩子能很快回答出桃园三结义的情节，知道曹操的疑心病，但当笔者问到三国里有哪些著名的古诗词的时候，大部分孩子表示没有关注过。不是他们没有接触过古诗词，而是因为在他们眼里，《三国演义》是故事，而《三国演义》中的诗词这种文学形式他们感觉陌生，孩子们没有建立起诗词和故事人物的联系，所以不理解"对酒当歌，人生几何"对于曹孟德人物形象塑造的含义。

当时在场只有一个女孩回答对了。讲座结束后笔者和孩子的家长一交流，才发现孩子确实是古诗词也背诵过，四大名著也读过，因为家长是教中文的，所以读书的时候会去引导孩子在历史故事里寻找文学的影子。

所以，孩子阅读的兴趣，一是需要通过广泛的涉猎，二是需要通过专门的引导和激发。

这说明在扩展孩子阅读面的时候，家长是有很多事情可以做的。

三个建议

为什么一直强调家长有很多事情可以做？

孩子基本上都是兴趣驱动，即便上了小学的孩子，学科逐渐增加，他们也不会主动去"啃"比较难的读物。因为这种意识到读书给自己带来好处所以要"啃下来"的阅读并不是孩子们能够简单体会到的，所以阅读面宽的孩子通常是家长教育得当的结果。

就扩大孩子阅读面这件事而言，笔者建议家长做下面三件事。

第一，以阅读的书目为中心创设孩子的娱乐活动。比如想让孩子接触科普类的作品，不妨先让他们看看有关的纪录片。影视画面的刺激要比文字强，可是内容不如文字表现得丰富，所以可以借由影视作品给孩子打开那一扇他从没有想过的大门。等这扇门打开之后，孩子可能会想走进某一个领域探索一番。如果家长已经把相应的书准备好了，那孩子自己便能往前走。

以近几年的影视作品为例，有一部讲述唐代都城长安的古装电视剧，假设里面有孩子喜欢的明星，这时候不妨让孩子看看，然后让孩子阅读类似《唐朝穿越指南》这样的作品。孩子能通过影视作品的细节去发现唐朝时人们是如何生活的，然后再与书中内容进行对照，会有更直观的认识。这比突然有一天拿出本写唐朝的作品直接丢给孩子看效果要好得多。或者带孩子出去旅游之前，先看看当地的文化名人有没有相关作品，比如去浙江绍兴前后读读鲁迅，来北京前后看看《故宫里的大怪兽》等。总之，家长需要有一些有目的扩展孩子阅读特定作品的前置动作。

第二，让孩子逐步建立属于自己的阅读知识体系。很多家长为了让孩子喜欢阅读，在家里给孩子准备了书架，还买了护眼的台灯、专门的座椅。可很多家长朋友做到这里就停止了，意思是"你看我买了书架也买了书，孩子看不看就是他自己的事儿了"。在这样的家庭里，孩子的书架看上去就显得杂乱无章。

学校图书馆的书是这样摆放的吗？如果书在家里是随便摆的，那孩子可能也认为书是个摆设。笔者的建议是，孩子书架上的书要按照一定的规律去摆放，让孩子发现书目之间的各种差异，可以大体按照绘本、中国故事书、外国故事书和科普等类别进行区分，并定期去看自己哪个类别的书多，哪个类别的书不够。孩子都是喜欢"全"的，好比给孩子买玩具，都是实在不行了才买一个，孩子的本意是"全都要"。所以当孩子感觉某个系列的书不够时，他会主动要求添置。如果不做这个分类归纳的动作，连家长都不知道孩子读了什么书，读了多少，那孩子的书架在家里就真成了摆设。

家长可以让孩子把读过的书用本子专门记录。这是个长期行为，时间长了再进行分类，效果和书架上摆书是一致的。当然，最好让孩子自己动手把书分类。

第三，在孩子小的时候经常给孩子讲不同类别的故事。这一点建议是给那些孩子还小、需要带着进行亲子阅读的家长的。很多家长都会给孩子讲睡前故事，有的家长会依赖于绘本，有的家长会自己发挥。笔者建议那些自己发挥的家长可以按照某种顺序，比如说按照大学里学科的顺序去塑造你的故事人物甚至是情节：故事的主人公是一个会拉小提琴的破案天才（福尔摩斯）；或者是一个躺在轮椅上的最强大脑在解释这个世界（霍金）；或者是在一个男性称霸的世界里，有一个女科学家杀出一条血路（居里夫人），等等。

如果编故事，也不要过于天马行空，现实生活其实很丰富，按照已经有的知识体系去给孩子讲故事，相当于在孩子的大脑里种下了一颗种子。等到他们长大一点接触到这些文字，那颗种子就会发芽，孩子会知道原来爸爸妈妈曾经讲的有趣的故事是这样的。

这个方法对于家长的要求很高，家长不仅要博览群书，而且编故事的能力也得强，说不定孩子还没被启发，家长自己先成了童话大王。这是有很多例证的，著名的童书《长袜子皮皮》和《柳林风声》，都是作者这么写出来的。

【阅后有思考】

本节提了三个建议，希望对大家有所帮助。我们可以思考一下，如果希望孩子将来成为一个热爱中国传统文化的人，该怎么引导孩子阅读这方面的作品？

第五课　获得感

让读书像打游戏一样上瘾

【开篇有关注】

在笔者读大学时，某一门专业课的教授曾经留过一个非常有意思的问题，令人印象深刻。这个问题是：艺术的主要功能是教化，还是娱乐？这个问题对于当时刚刚经历过高考的学生来说，答案基本上是不言自明的，艺术的主要功能当然是教化，要不让我们看文学作品归纳中心思想、听古典音乐体会时代背景干什么呢？

但教授告诉我们，很多艺术是人们为了打发时间、消遣自己的结果，所以千万别认为艺术的主要功能是教化，而忽略其娱乐的部分。只不过是后来的人们从艺术中解读出了教化的功能，或者是随着时代的发展，教化的艺术里生长出娱乐属性罢了。

本节想分享的关于孩子阅读的话题和上述话题有点类似，即对于孩子来说，娱乐性的内容要比学习性的内容更能吸引注意力。那我们该如何利用好孩子这种喜欢娱乐的天性来帮助他们更好地阅读呢？

笔者的建议是，让孩子的阅读像打游戏一样，不断获得阶段性的胜利。

游戏启示

进入互联网时代，手机或者电脑游戏给孩子带来的感官刺激和体验，已经不是文字图书能够简单超越的了，连学校里老师讲课都不如联机打游戏有意思。

如果指望孩子阅读图书能够寓教于乐，用游戏的方式给孩子传递知识，以目前的技术手段，可能有点天方夜谭，至少笔者没有发现二者有完美结合的平衡点。

不过这并不意味着孩子们的阅读不会像打游戏那样有意思，因为所有的游戏都遵循一定的设计规律，而这些规律是为了吸引玩家的注意力，让玩家有更好的游戏体验，特别是有获得感。

孩子的阅读是从较低阶段不断提升到较高阶段的过程，其实和游戏的升级玩法很接近。游戏里一开始级别都是 0，通过一个个关卡之后，逐渐变得强大起来。只不过游戏玩到最后，强大是可以看见的，因为有积分，有排名，还有不断更新的主人公相貌，解锁新的地图，等等。而阅读这件事的反馈没有如此明确，甚至有时候没有任何反馈，看了 100 本书和看了 200 本书，对于孩子来讲变化不大。

怎样能让孩子把阅读当成打游戏，兴致勃勃地去完成呢？

游戏设计思路

下面分享三种很有意思的游戏设计思路，希望对各位家长朋友有一点启发。

游戏设计的第一个思路：反馈和激励机制。反馈可能是实时的，

27

也可能是延时的。举一个广为人知的游戏为例，比如消消乐，无论用手指怎么滑动，游戏都会对动作有回应，玩家做对了会得分，做错了会有提示音。总之游戏者的行为会直接导致某一个结果，参与游戏的人知道如果一直玩下去，会一直闯关。

等到了某个级别，延时的反馈就会出现，要么是解锁一个新的图形，要么是进入一个新的地图。换一种表达方式，即游戏会给做对游戏者相应的激励，所有的反馈都是对游戏参与者继续玩的激励。成功了有激励，失败了有反馈，总之，游戏参与者会看到反馈或激励的结果。

但是，孩子阅读不是这么回事，基本不存在实时的反馈或激励，总不能孩子每看完一页书之后马上给他一块糖吃，这样的话，孩子的牙也受不了。所以比较适合孩子的阅读方式不太可能是实时的，如果想激励孩子，只能用延时激励的方法。

这里有两个建议：一个建议是，让孩子读书，特别是刚开始独立阅读的初期，家长一定要关注，定期给予孩子鼓励，口头上的或者物质上的都可以，而且明确让孩子知道这个鼓励是因为他读书之后获得成长了，作为家长替他高兴而来的。这种鼓励不要一开始承诺，最好是意外惊喜，否则会让孩子有比较功利的思想，认为读书只是为了现实的好处，这种强烈的目的性不符合教育孩子的原则。另一个建议是，激励孩子的时机最好是在孩子读完一本比较难或者页数比较多的书之后。这时候，孩子还沉浸在一种强大的自我满足的体验中，在孩子喜上眉梢时告诉他："孩子，好事成双，你最近读书很有效果，妈妈替你高兴，我带你去看个电影吧。"如果孩子读的书和要看的电影有关，那又是对书的内容的再一次强化。但这种情况可遇不可求，家长主要是把握好激励时机和激励方式。

游戏设计的第二个思路：签到打卡制度。很多游戏，特别是需要联网的游戏，大多会设计此类环节，每天登录会怎么样，每次登录多长时间会如何如何。很多家长知道，这是激发游戏活跃度的一种方式。换个角度想，如果是一个坚持打卡的游戏玩家，突然有一天没有打卡，是不是会感觉非常糟糕，因为感觉自己完美的记录上有了一小块缺憾？或者另外有一天因为忙碌，忘记了打卡，想起来的时候是不是也会非常懊恼？是的，这就是签到打卡制度的厉害之处——这个体系强迫参与者养成了一个习惯，而人性是讨厌习惯被改变的。

如果想让孩子养成阅读习惯，不妨参考这种打卡的方法。现在这样的小程序有很多，笔者的建议是，请家长带着孩子自己做一个日历表，即可以勾画出每天是否有阅读行为的表格。表格稍微大一点，能挂在墙上最好，让孩子每天读一定时间的书，完成了便在表上画个勾。这有点类似于学校教室后面的"光荣榜"，可以直观反映出来孩子在阅读这件事上的时间投入和效果。家长还可以同前一点建议协同开展，建立激励和反馈机制，这样能够帮助孩子养成阅读的习惯，甚至是做事情列计划按进度的好习惯。

游戏设计的第三个思路：社群互动机制。很多游戏会有由不同玩家组成的圈子，偶尔还给设计不同圈子之间的对战。有些集体荣誉感比较强的玩家会自发组织起队伍，投入到这种有竞争性质的活动中。人是群居动物，社交属性是人的天性。在有的人看来读书这件事是没有什么社交必要的，而笔者认为不是这样，读书也要有交流，这样可以互相激发阅读兴趣。比如现在有读书会、读书分享类的节目，其实都是在交流读书的体验和心得。阅读，有人指点固然好，没有人指点也可以在家庭内部形成社群。

笔者的观点是，社群一旦出现，相当于有了一项规则，进入社会生活的人们遵守规则是常态，打破规则不是常态，所以能让孩子进入到某一读书的社群里，而这个社群存在的意义就是读书的话，孩子会自觉延续社群的规则。好比孩子加入了学校的跆拳道社团，社团要求每天练习多长时间，孩子不会因为影响了自己玩而不去训练，那是因为这是默认要完成的动作。读书也是一样，如果孩子有这样一个敦促学习的社群，家长稍微推动一下，孩子会每天主动完成读书这项有益的事。

这里要说明的是，前文提到的社群互动机制在现实中操作不如前两个机制方便，因为毕竟家长们都很忙碌，没有额外时间给孩子们组成读书的社群，能够在家里敦促一下孩子可能算是尽力了。家长可以建立形成家庭读书社群。每天所有家庭成员都拿出半个小时读书学习，阅读时间长、连续打卡有激励，如果有缺席或者态度不认真，则适当惩罚，如减少零花钱，少出去玩一次等。当然，不建议家长自己特别要强，一定要战胜自己家孩子，对于家长来说，家庭读书社群只是工具，目的是让孩子爱上读书。

【阅后有思考】

本节分享了如何让孩子像爱打游戏那样爱看书，通过三个游戏设计原则给大家提了三个相关的建议。我们可以继续深入思考，如果家里有两个不同年龄段的孩子，这种阅读激励机制该怎么设计才好？

第六课　机会值

原来孩子感兴趣的是这个

【开篇有关注】

笔者接触过的一些家长朋友会把孩子阅读的重点放在家长感兴趣的内容上，有时候会忽略孩子自己的兴趣。尽管望子成龙完全能够被理解，然而孩子的人生毕竟是孩子自己的人生，如果孩子有选择的权利，我们不妨看看关于孩子阅读的兴趣点该如何发现，正确引导。

兴趣的"开关"

先表明一个观点，孩子对于某些事物的兴趣有的是天然的，有的是培养的。具体到阅读领域，有的家长会认为自己的孩子是不是天生不爱读书，"不是读书那块料"。以笔者的经验来看，只要是正常的孩子，对于阅读的兴趣更多的是"多少"的问题，绝对不是"有无"的问题。

既然是"多少"的问题，从孩子成长的需要来看，激发和培养这种兴趣是非常必要的。也就是说，每个孩子都有阅读兴趣的"开关"，打开了开关，孩子阅读世界的灯就亮了，不打开就是两眼一抹黑，所以要尽量找到"开关"。

有数据表明，无论家长多么努力伴读，学校老师怎么加强引导，总会有差不多 1/10 的孩子对"阅读"这件事是没有兴趣的，这是培养不出来的。但这不是说孩子因此而不爱学习，而是说不同的人在学习的几个维度之间存在差异性。有视觉系的学习，有听觉系的学习，有读写结合系的学习，还有动手实践系的学习。阅读大体上是属于视觉系的，如果孩子是另外的学习类型，比如适合实践的，或者主要靠"听"而获得知识的类型，那确实很难对读书提起兴趣。遇到这种情况，家长需要尽早让孩子习得从其他方式获取知识的能力，不要把阅读作为孩子的主要方向，甚至是唯一路径。读书只是一种获取知识的途径，如果孩子在阅读上完全获得不了乐趣，家长还偏要继续施压，无异于是对孩子的一种折磨。

找到兴趣点的方法

这是关于孩子的兴趣点在哪里的问题。

很多家长都会在孩子 3～5 岁的阶段选择绘本给孩子提供亲子伴读，这是一种非常好的培养阅读兴趣的方式，随着孩子年龄渐长，进入了自主阅读的阶段。孩子阅读的兴趣点在此过程中，是慢慢被挖掘、培养和加强的。

这里要注意的是，此过程中越是年龄小的孩子，兴趣点越多，但并不是所有的兴趣点都会在后来被培养成一项特长。这既需要家长的火眼金睛来识别孩子的某些"伪兴趣"，又需要家长能坚定初心，帮助孩子渡过从兴趣培养到能力提高的道道关卡。

笔者总结了三点挖掘孩子兴趣点的方法，供各位参考。

方法一，广泛涉猎，找准孩子的兴趣方向。即先别管孩子适合什么类型的读物，但凡是专业人士推荐的、家长自己觉得好的、别人家孩子正在读的，统统让孩子接触，如果发现其中有一两种孩子特别有感觉，就照着这个方向发力。比如，有的孩子喜欢看故事类的，那就先减少科学类图书的接触；如果孩子特别爱看动物类的，那介绍植物的书就先往边上放放……总之，先让孩子通过某个角度进入书海，在他自己感兴趣的泳道里先游着，等游得熟练了再考虑换泳道。

方法二，性格态度，找到和孩子气质相似的图书。有的孩子在平时家长带着阅读或者自己阅读的时候，看不出来其个人的喜好，要么是不怎么阅读，家长给读什么都行；要么是什么都感兴趣，只要是书都爱听、都爱看。家长要根据孩子本身的特点进行选择，假设孩子是那种读一会儿会想一会儿的，要选择有点深度的读物；如果孩子喜欢看动手实践类的作品，可以多找找他们看完之后能实操的内容。

方法三，结合生活，用身边接触到的事物进行挖掘。笔者一直以来的观点是，孩子的阅读，扩大到语文这个学科的学习目的，是要以生活为最终着眼点的，不能把学习等同于考试成绩的提升环节，认为其和生活没有关系。

孩子的生活如果在阅读中有了投射，那是从两个方向加强了孩子的相关认知。比如临近春节，大街上都是红彤彤的灯笼，洋溢着过年的氛围，这时候可以让孩子读读和春节有关的书；带孩子去一趟动物园，回来赶紧让孩子看看和动物有关的书。此方法是笔者认为激发孩子阅读兴趣最有效的。反过来也成立，比如想让孩子读冯骁才的《俗世奇人》，不妨先带孩子去天津看看民俗。你想让孩子读曹文轩的《草房子》，不如真到附近村镇上的农村小学去住个一两天，这种和生活接触的兴趣激发方式效果最好。

兴趣维持的建议

前文提到的三个方法是关于孩子兴趣挖掘的。如果找到了孩子阅读兴趣点该如何保持下去，或者说持续培养？笔者也有两个建议，供各位家长参考。

第一，家长一定要参与，特别是在孩子阅读兴趣培养的早期。以笔者了解的当代中国家庭，很多家长自己是不太进行日常阅读的，比较优秀的爸爸妈妈们会督促孩子自己看书，但是自己很少参与，有的是觉得孩子的读物幼稚，有的是自己没有时间。无论哪一种，都不利于孩子阅读兴趣的培养。

这里还有两个小策略。第一个策略叫"孩子当老师"，意思是在孩子阅读的过程中，家长要不时装作听不懂的样子，主动问孩子。这个策略的优点是孩子能够从输入转向输出，家长可以在让孩子教自己的时候，检验孩子是不是真的记住了。第二个策略是"确认小细节"，意思是家长要提问孩子书中的细节，正向的和反向的。举一个例子，某次笔者和好朋友一家三口吃饭，朋友的孩子当时4岁左右，特别喜欢海洋动物，没事会给周围的人讲这是什么鱼、那是什么鱼。笔者见到他之后问，海里最大的鱼是什么鱼？孩子脱口而出是鲸鱼。笔者接着问，鲸鱼是鱼吗？鱼有什么特点？问题到了这里，孩子的眼睛就开始往天上瞅，因为孩子阅读的书都是最基础的记忆性文字，很少有人给他解释其中的概念和关联。但是成年人可以用这种确认的方式激发孩子的阅读兴趣，延伸孩子的阅读。

后来又见到朋友的孩子，他主动告诉我，鲸鱼不是鱼，它是哺乳动物。

第二，家长不仅要参与，而且要成为孩子兴趣点的研究者和领路人。家长要发挥带动作用，给孩子的阅读兴趣铺路。在具体操作中，可以采用始终比孩子的兴趣快一步的方法进行引导。说得形象一点，即每当孩子阅读完一本书之后，赶紧推荐并讲解下一本书，让孩子可以在家长创设的阅读之路上不断前行。比如孩子对自然科学感兴趣，一开始就是看一些相关的绘本，但是家长对自己的要求要高一些，既要能接得住孩子的提问，又能用更合理的提问指明孩子下一步阅读的方向。

不得不说，这个要求是太高了，对于很多家长朋友来说，如果真能做到的话，不仅孩子的成长会显而易见，家长也会成为这个领域的专家。

笔者还有一个建议，家长无论是否发现孩子的阅读兴趣点都可以参考，即如果家长真的很难参与，那希望家长能够找时间定期带孩子去图书馆体验一天，可以是当地的城市图书馆，或者比较有文化气息的能自习看书、安静做自己事情的书店等。很多时候，孩子的兴趣养成和环境有关系。以前常说"书香门第"，其实是在给孩子创设出更适合读书的氛围。相对于菜市场和武道馆，书店旁边或者大学校园里的孩子距离知识是更近的，因为他们获得知识的成本更低一些，并且经常在这种地方出没的人也会给孩子潜移默化的影响，这是家里买多少书都不会达到的效果。游乐场里固然充满了孩子的欢声笑语，那毕竟是短暂的快乐，纵然会留下难忘的回忆，但不会给孩子的人生打下更坚实的基础；美食城里有孩子们爱吃的美味佳肴，但酒肉穿肠过，脂肪身上留，不如给孩子找到补充精神食粮的方法和城堡，这才是给孩子们最宝贵的财富。

【阅后有思考】

本书第一部分的内容已结束。希望家长思考的问题是，如果孩子到了该读课本的年龄，但孩子对应该读的教材不感兴趣，我们该怎么办？

第二部分

习惯，要这样养成

第七课　看绘本

绘的是画面，写的是关键

【开篇有关注】

笔者在筹备这本书的时候，调查了家长关于孩子阅读过程中的问题和需求，其中有很多家长认为孩子读书不深入，有的只喜欢看图画书；还有的家长认为只爱看图画书是"浅阅读"的一种表现。这里需要先澄清一个概念，所谓浅阅读的意思是读书阅读不思考，大家可以理解为一目十行，或者追求快感，好像短视频上看电影只是为了看情节。浅阅读的特征之一是跳过前面的铺垫，直接看后面的大场面或故事结局。

只爱看图画书未必是浅阅读。笔者理解有疑问的家长朋友，是觉得孩子们怎么还不开始看文字图书？怎么还不能读明白成人世界文字背后的内涵？下面从浅阅读和图画书两个方面和大家分享一下，孩子什么时候可以看文字类的图书。

为什么要读经典

在笔者的音频专辑《花生粥：中小学生名著趣谈》里，很多同学都会要求讲这本书，或者讲那本书。而笔者选择的依据其实很简单，第一是孩子们读了之后会不会再拿起来读，第二是孩子们第二次再读的时候会不会有不同的理解和感受。

如果用这两个标准来衡量现在能够给孩子们阅读的书，其实就是经典作品。那什么是经典？这里容易出问题，孩子们阅读的经典往往是成年人选择的，即孩子们阅读的经典是成年人眼中的经典，很多时候由于文化底蕴、审美差异和阅读能力等方面的限制，很多经典作品是孩子读不了的。这个观点在之前讲10岁孩子读《红楼梦》的例子时已经提到过。

如果从浅阅读的角度来看，笔者要告诉大家，为什么孩子们认为好的作品而我没有选择。比如很多孩子希望我在专辑里讲讲"查理九世"，讲讲《魔道祖师》。说实话，这些书我也看过，可还是选择了不讲。

有的同学向笔者提问，称自己看了这些书好几遍，认为是好书。是的，孩子们确实会看喜欢的书好几遍，但并不是每看一遍都有新的收获，他们只是在重复体验第一遍阅读时的快感。

结合前面关于"浅阅读"的定义，很多孩子读书，特别是读娱乐性比较强的书籍时，基本只关注里面的情节，反复去回忆主人公战胜敌人，或者获得超能力的部分。孩子在童年时期的阅读会有代入感，把自己想象成故事里的主要人物，这个时候他相当于是在反复回味假设自己战胜了敌人，或自己有超能力的过程。

还是用电影举例。喜欢看电影的朋友知道，电影既有文艺剧情片，也有大场面的好莱坞科幻巨制。对于成年人来说，其实是萝卜白菜，各有所爱。但仔细思考，看哪一种作品能够获得更多的思考，很少有电影是两者都能做到的。一部电影既有大场面，又有对生活、对人性的反思，并不容易做到。

再从孩子的角度去看，孩子会喜欢看文艺剧情片吗？是不是都喜欢动画片，喜欢超级英雄片，为什么？一是因为这些影片的观影难度低，他们能看得懂；二是这些影片的视觉场面"酷炫炸裂"，满足了获得快感的需要。

类比到读书，可以看看孩子们有没有喜欢重复看同一部电影的，如果有，是因为这部电影有深度吗？肯定不是，孩子多半是会直接跳到电影的高潮部分去感受自己成了主人公的快乐。

读书亦是如此，在很多人的眼中，阅读是一种消遣行为，阅读《西游记》和阅读《孙悟空大战变形金刚》是一样的。求新、求奇、求变是人性的需要，而孩子又没有自我提升的训练和要求，因此浅阅读，也只是喜欢走马观花地看书，是孩子在追求阅读快感的表现。

总而言之，孩子如果读书一目十行，囫囵吞枣，不求甚解，甚至有时候反复看同样一本没有什么营养的书，实际上是在回忆自己初次阅读时候产生的快感，或者不断幻想自己成为故事里的主人公。

只爱看图画书怎么办

只爱看图画书，在不同年龄段的表现形式不一样。这里把一二年级识字量还不多的孩子先排除在这个讨论范围之外，因为前面提到过，孩子阅读大致分为两个阶段四个时期，其中有只喜欢看图画书的阶段。所以如果孩子不识字，那爱看图画书是好事，总比爱抢家长的手机看短视频要好。

笔者重点讨论的是，孩子识字量足够了，但还是更喜欢看图画书这种情况。

笔者接触到有这种情况的孩子一般喜欢看漫画。漫画作品在笔者看来是一种把绘画技术和故事技术相结合的体裁。人接收外部信息，有单纯靠听觉的，比如听故事听音乐；有单纯靠视觉的，比如看展览看绘画；有的是视觉和听觉并重的，比如看电影和看电视。漫画属于主要依靠视觉的题材，好像把电影电视一个又一个画面静止在纸上。有的朋友可能会说，那看文字书不也是靠视觉获取信息吗？如此说来，岂不是读文字书和看漫画没有什么区别？

如果单纯从传递信息的角度看，两者在性质上没有根本性的差别，但差就差在信息传递的方式上。一般人在单纯看文字的时候，脑子里会形成信息和画面，比如看"哈利·波特"系列小说，其中描写他标志性的长相，戴眼镜、脑门有闪电形状的伤疤。看到这段文字，读者的脑海里就会出现一个脑门有闪电伤疤的戴眼镜男孩的脸庞。但这个男孩戴的是什么眼镜，闪电伤疤多长，疤痕拐弯的角度有多少，都是读者自己"脑补"出来的。所谓"一千个读者有一千个哈姆雷特"，一千个读者也有一千个哈利·波特，这些想象是作者用文字激发出来的。

漫画则不同，我们看到的漫画更像是影视作品，直接进入脑海的是画面和信息，如果先看了丹尼尔·拉德克里夫饰演的哈利·波特，我们会以为闪电伤疤男孩应该就是这个长相，省去了自己想象的空间。此时反过来再看原著，脑海中的想象会因为先入为主而丧失自己塑造人物形象的可能。

要是问孩子看漫画有什么问题，最大的问题是限制了文字可以激发出来的孩子的想象。好像给人一份菜谱让他去做菜，如果只有文字，就比给图片教程和烹饪视频难度更大一样。

综上所述，爱看漫画的孩子一是在追求剧情的快感，二是会被画面限制文字带来的想象空间。因此，只爱看漫画书对于孩子的阅读来说是弊大于利的，家长可以把这个行为想象成孩子在看静止的电影电视节目，不是在读书学习，而是在消遣娱乐。

走出"只看漫画"的困境

如果孩子只爱看漫画书该怎么办？对于有这种疑问的家长，笔者一般会追加一个问题，即孩子是不是只看漫画，还是说是文字和漫画都喜欢，但是看漫画会多一些。

上面这两种情况需要分别加以说明。

第一种，如果孩子只看漫画，即前文提到的孩子在反复追求情节的快感，这个时候如果家长直接封死，不让孩子继续看漫画，其实也不好；如果孩子本身文字基础不牢固，他看漫画是属于文字书看不懂的情况，那应该加强的是识字写字的训练，愿意看漫画反而还是孩子比较容易接受知识的一种方式。

如果不是上述情况，建议给孩子提供等量的文字内容逐步改善只看漫画的行为。什么是等量的文字内容？一个是，孩子看一本漫画便要求其看一本差不多厚度的纯文字书，另一个是，看一本漫画需要讲出或者写出这本漫画的主要内容，甚至是自己的感想。总之，如果孩子把漫画作为一个入口，家长不妨把这个入口也变成一个出口，锻炼孩子的表达能力和读写结合能力。

第二种，如果孩子是文字书和漫画书都喜欢看，但是漫画书看得多一点，那相对来说并不是什么大的问题。如果孩子某一个阶段特别喜欢看漫画书的话，多半是孩子想要知道其中的剧情，和成年人追剧差不多。只要孩子没有因为看漫画影响到阅读其他的经典作品，家长不用过度紧张。

其实，喜欢看漫画也是人的天性，笔者到现在也很喜欢浏览各类漫画故事，美国的 DC 和漫威，日本的热血动漫，还有近年逐步崛起的中国漫画，遇到喜欢的也会有收藏下来的冲动。因为人们更愿意用简单的方式接受信息，如果图文结合更容易让我们接受知识，何必用单一的文字增加枯燥感？连成年人都如此，孩子爱看漫画真是再正常不过了。

同样的道理，孩子在成长过程中，他们的自制力和分辨能力都在逐步增长。这个时候为了让孩子得到文字阅读的训练，尽量还是要在保证文字阅读的基础上，再阅读漫画比较好。

【阅后有思考】

如果孩子只爱看漫画，确实是需要解决的大问题。甚至有时候孩子不是在浅阅读，而根本不是在"阅读"。这里需要家长注意的是孩子"只看"漫画，而不是看漫画。本节的思考问题是，《三毛流浪记》属于什么样的作品，孩子能不能阅读？

第八课　勤复述

不要让他听过的故事成"过耳烟云"

【开篇有关注】

很多家长希望能够把孩子的阅读和其他生活、学习等方面的经验联系起来，期待孩子既把阅读当作一个学习知识的入口，又把阅读当作一个思考问题的频道。然而，我们如何知道孩子究竟吸收了多少阅读的内容？本节分享一个非常重要的参考指标，孩子读书之后的"讲书"环节。

也许有家长朋友会问，孩子阅读，不是看完吸收即可，难道非要讲述出来？讲述出来需要锻炼孩子的语言表达能力，这和阅读是不是两回事？

事实上，孩子都有语言表达的能力，但语言表达的内容却因为知识水平和思维方式的差异而有所不同。同样是看到一轮圆月挂在天上，有的孩子可能只会说"今晚的月亮真圆啊"；读过很多唐诗的孩子可能会说，"举头望明月，低头思故乡"，或"海上生明月，天涯共此时"；对唐诗很有兴趣的孩子，也许会来一句"春江潮水连海平，海上明月共潮生"等；还有的孩子会有感而发，自己创作一两句写月亮的诗句。

你看，判断孩子的阅读水平，可以看孩子能够表达出来多少，"讲出来"的行为基本上能够反映出他掌握了多少知识。

如果我们把孩子们的知识看成是一杯水，表达就是这个杯子上的刻度。有的时候孩子可能有一杯水，刻度显示出有一杯水，也可能显示出有半杯水，总之会知道孩子至少有半杯水的储备。但孩子如果是个空杯子，这个刻度永远不会有读数。所以，要通过孩子的表达，来判断他们阅读之后究竟掌握了多少知识。

下面从如何引导孩子讲书里的内容和从讲书迁移到读书三个方面进行分析。

引导方法

先来谈如何引导孩子们讲书。

美国著名演讲家卡耐基有一句话："一个人的成功，15% 靠的是专业技巧，75% 靠的是语言表达。"很多孩子很爱读书，但性格比较内向，且表达能力未经过培养训练，属于茶壶里煮饺子，有货也倒不出。

暂且不论孩子表达能力不好会给人际交往和其他社交行为带来的不利影响，单纯是家庭生活中父母和孩子沟通，也需要孩子能够说清楚自己的想法。引导孩子讲书，不仅能够帮助孩子提高对阅读内容的记忆力，而且能够促进孩子和外部世界的语言情感交流。

请孩子讲书，从内容上来说，可简单理解为复述故事情节、分享阅读感受这两个大方面，不会要求孩子把读过的书讲成"百家讲坛"学术分析式的高难度分享。孩子讲书的内容其实不复杂，可以用三个显而易见的标准进行衡量：一是孩子讲的内容是否完整准确，二是讲的过程是否流畅，三是孩子讲的是否有自己的思考。至于有没有创造性、体系感强不强，则不用有更多的要求。

四个维度

请孩子讲书，最重要的引导方向可以总结为四个维度十二个字，分别是：有自信、会沟通、爱生活和善联想。

"有自信"是指对孩子讲书的行为，家长要及时鼓励和表扬，没有哪个孩子第一次就能把书里的内容复述成满分，通常都是"照葫芦画瓢"出来的。这种模仿要及时给予肯定，因为刚开始的目的不是让孩子达到高水平，而是让孩子建立起自信。有了自信，孩子在心态上会更愿意和别人分享，乐于表达。

"会沟通"是指对孩子讲书的行为，家长需要用合适的方法告诉孩子，哪里还可以提高或改进，这需要家长的耐心和细心。比如家长发现孩子讲书的时候，总是有口头语，"嗯""那个""然后"等，最好不要直接指着孩子说，"你赶紧给我把这些口头语去掉"，这么说无疑会打击孩子，因为孩子正是因为想不起来，或者不会表达，才会有这些口头语。这和孩子会不会没有关系，一般是急于证明自己的孩子才会紧张，紧张才容易不连贯，出现口头语。笔者的建议是，家长可以说："你讲得很有意思，但是我数了一下，你刚才讲了三分钟，用了五个'然后'。咱们来做个游戏，再讲一遍，看看能不能减少到三个。"这样，孩子会感觉更好。

"爱生活"是指孩子在讲书时，注意和生活相联系。比如孩子最近阅读了日本作家黑柳彻子的《窗边的小豆豆》，家长可以让孩子讲讲小豆豆都干了哪些让人啼笑皆非的事情，然后再让孩子想想自己班级里有没有"小豆豆"这样的孩子，或者让孩子说说如果自己是书中的小豆豆，会怎么样等。总之，这些可以和生活相联系的话题，能够让孩子把表达和阅读的内容进行结合。生活是最好的锻炼场所，既让孩子读的书有生活的影子，又可以让孩子更加理解所读书的内容，进而更容易理解生活。

"善联想"是指孩子在日常表达的时候，多和书中的内容相结合。这一点类似于孩子们在进行口语表达的时候，反向使用书面阅读得到的素材。比如，孩子要在班级里参加竞选演讲，家长可以让孩子用上书中若干个相关的例子。这样，孩子会知道有的场合是需要和自己阅读的书产生关联的，书读起来是有用的。

学会迁移

第一个方法：发现问题，补足短板。再来谈谈怎么让孩子利用讲书迁移到读书方法改进的问题上来，有两点给各位参考。

有的家长朋友存在一个误区，即孩子读书读多了，口语表达能力自然而然会提高，可事实并非如此。本书多次提到过，阅读能力也好，写作能力也罢，还有口语表达，都需要专门训练。虽然存在天赋很好的孩子，光靠模仿便能提高，但这远远不够，有合适的人教授要好过孩子自己摸索。

孩子讲书多了，并不意味着读书方法会改进；读书多了，也不意味着讲书能力会提升。二者确实是有联系，但联系在于孩子可以通过讲书了解到该怎么读书，比如，孩子如果讲书时漏掉一两个故事情节，可以告诉孩子要在情节的连贯性上下功夫，下次读书，可以画个情节流程图帮助记忆。如果不讲书、不表达，家长永远也不知道孩子的薄弱点在哪里。

所以孩子利用讲书迁移到读书方法改进的第一点，即发现孩子读书中的问题，补足短板。

第二个方法："唱唱反调"。家长可以假装自己记不住书中的重要情节，要孩子找给自己看，让孩子为了证明自己阅读的内容是对的，而再次拿起书看。比如孩子在读《西游记》，刚给家长讲完"三打白骨精"这个故事，家长可以问："哎，我怎么记得白骨精是猪八戒一钉耙打死的呢？你是不是记错了，赶紧把书拿出来看看。"当然，白骨精实际上是孙悟空在土地山神的见证下打死的——白骨精想要第三次欺骗唐僧之后直接被孙悟空"断绝了灵光"。虽然影视作品中多有对白骨精的刻画，但是原著中的白骨精戏份不多，《西游记》里猪八戒也打死了不少妖怪，所以家长这个问题会引起孩子对于关键情节的反思和重新阅读。

【阅后有思考】

本节分享了关于孩子讲书的内容，希望能对大家有所帮助。最后有一个思考题，孩子愿意用文字表达，写读后感，但是不太乐意讲书，该如何解决？

第九课 提问题

对的问题比好的答案更重要

【开篇有关注】

笔者曾经的工作中有一项是负责语文教师培训。对于从事语文教育的老师来说，需要培养的不仅仅是语言能力和文学素养，如何激发孩子们的表达欲，也是需要经常思考的问题。因此，每当有语文老师咨询笔者，如何让孩子们提高思维水平，我的回答都是多阅读。但随之而来的问题是"怎么阅读"和"阅读什么"。

随着孩子年龄的增长，阅读的私密属性很难让老师判断孩子到底读了多少，想了多少；是看个热闹，还是认真思考？所以本节的话题是，如何通过阅读提问的方式锻炼孩子的独立思考能力。

阅读提问，即根据孩子阅读的内容，在阅读行为结束之后，提出适当的问题，目的是启发孩子对于阅读内容，乃至其他相关方面的思考。

提供三个有效的方法，分别是双向提问法、转化提问法和勾连提问法。

双向提问法

什么是双向提问法？理解起来不难，即同样的问题，正向问一遍之后，马上再反向问一遍。这个提问的方法适合年龄比较小

51

的孩子，等孩子到了一定的年级，比如三四年级之后，这种方法需要升级一下，要不问题提出来，孩子会觉得，"爸爸妈妈怎么这么幼稚啊！"

比如，孩子正在阅读一本绘本，假设是关于交通规则的，绘本里面有交通信号灯的内容，红灯停、绿灯行。很多家长在带着孩子阅读的时候，可能会绘声绘色地讲一遍："宝贝，你看到红色的灯了吗？过马路的时候遇到红灯就要停下来呦，千万不要走过去，因为会有车……"家长没有讲错，孩子也有可能听进去，但是这不需要看绘本来解决。孩子如果在看绘本，上面肯定是有图片的。这时候，家长可以使用双向提问法，在给孩子讲完"红灯停、绿灯行"之后，马上开展提问。正向提问是："孩子，如果你过马路，遇到红灯，该怎么办呢？"孩子可能会说要停下来，因为有车要通过。随后，家长马上再反向提出问题："孩子，如果你过马路看到有人突然停下来不过了，你觉得他是怎么了呢？"

此时，孩子会把红灯和不能过马路联系起来。同样一件事，通过双向提问法，相当于在孩子脑子里正着走了一遍，然后又反着走了一遍，让孩子既加深了对于这个问题的印象，又建立起对一个事物两个角度判断的思维。

对于稍微大一点的孩子，能看《查理和巧克力工厂》这本书的时候，家长可以针对查理最后得到巧克力工厂这个结果提问，先正向问孩子："宝贝，你觉得威力旺卡为什么会把工厂给查理呢？"孩子多少都会有一些感悟，或者能直接答出来是因为查理有很多好的品质。这时候，家长再反着问孩子："宝贝，你觉得查理有这些品质，作者是怎么安排他有好的回报的?"

总之，双向提问法是家长比较容易操作的提问方法，但需要家长对于孩子阅读的内容有适当的了解。很多家长不了解孩子阅读的内容，通常也问不出问题。

转化提问法

有的家长朋友很忙碌，并没有太多时间阅读儿童文学作品。对于孩子读的书，家长多半觉得比较幼稚。如果还想参与到孩子的阅读行为中，不妨试试这个提问法。

转化提问法即把孩子阅读的内容变成其他的问题向孩子提问。笔者的观点是，孩子们的阅读要和自己的生活学习发生关联，不要是纯粹的消遣，对于孩子独立思考能力的激发也是同样的道理。什么是独立思考? 就是孩子对于阅读内容有自己的判断，可这个判断的形成是需要被激发出来的。

比如孩子在读"哈利·波特"系列图书，对于这部写魔法世界的儿童文学作品，家长未必喜欢，如果想了解孩子为什么喜欢，可以用这样的方法尝试提问。

家长可以问孩子:"'哈利·波特'书里有没有和你身边很像的人?"孩子如果说有，可以接着问，"哪里像?""为什么你觉得像?"孩子肯定会有一些理由。本来孩子读了这本书，可能没有什么思考，但是家长的问题激发了他把作品和生活中活生生的人联系起来的思考。孩子会把书里面的人物形象和自己生活中出现的人对照一遍，这样，他会把书和生活建立起联系。以后再拿起这本书，他会想，"哦，其实作家写作不完全是虚构的，我们生活里也有同样类型的人"。

再举个例子，比如孩子最近在阅读《中国神话故事》，家长或许记不得神话的细节，可神话里大略的人物应该是知道的，可以把相关的问题转化成其他的问题。以盘古开天举例，家长可以问孩子："盘古开天辟地前，世界像个鸡蛋，如果换个东西，你觉得有没有比鸡蛋更形象的类比呢？"这个问题转化成一个本体和喻体的关系了，无论孩子能不能找出相似的喻体，他们都会被这个问题所激发，进而思考混沌时空的具象影响。

转化提问法，不需要家长看孩子到底读了什么，但是需要家长以图书内容为基础，将书中内容牵引到生活学习方面来。需要注意的是，这样的提问一般是没有正确答案的。

勾连提问法

所谓勾连提问法，就是在不同书目之间建立起联系，引导孩子思考的能力。

还以孩子正在看的《中国神话故事》为例，家长可以问问孩子《中国神话故事》里出现过的人物，比如："孩子，嫦娥还在哪里出现过呢？"有的孩子会说《西游记》里天蓬元帅酒醉后调戏的嫦娥。虽然此嫦娥与彼嫦娥不是同一个人物形象，但是家长发现孩子会把《西游记》中的故事和《中国神话故事》里的故事建立起联系。

此时还可以接着问："《西游记》里出现的哪些神仙你还在别的故事里见过呢？"孩子可能会说哪吒、观音菩萨、二郎神，等等。

只要提出的问题能够引起关联，孩子的思维就会跟着问题走，他的脑子里会产生不同书目之间有什么异同的想法。等这个想法慢慢生根发芽，他们便会知道想问题要综合考虑。

再举个勾连提问法的例子。假设孩子最近正在阅读冯骥才先生的《俗世奇人》，这时候就需要用勾连的方法让孩子建立起有关联系。家长可以问孩子："《泥人张》这个故事的题目命名方式是什么？在这些故事里还有哪个故事和这个题目相似呢？"孩子多半会找出《刷子李》。接下来便可以问孩子，这样命名是不是都是职业和姓氏组成的？孩子会觉得这是一个思考方向。随后家长结合转化提问法，可以问孩子："舅舅是个老师，如果你要写关于舅舅的作文，可不可以写个类似的题目呢？"

此时，孩子说出写舅舅的作文题目是《老师某》的可能性非常大，因为他已经从家长的提问里获得了思考这种问题的方向。今后在遇到写人物类作文的时候，他会用这样的方式，写出一个好看又有趣的标题。

【阅后有思考】

本节的内容是有目的地引导孩子阅读，使用双向提问法、转化提问法和勾连提问法。我们不妨思考一下，对于高年级的孩子，能否继续使用双向提问法？

第十课　多交流

别让他成为读书的"孤家寡人"

【开篇有关注】

孩子阅读，最终的走向是能够独立完成。在孩子走向这个目标的时候，往往少不了家长的帮助和老师的指导，但是和孩子的阅读关系最密切或者最能保持同频的是他们的同龄人。本节的话题是——孩子们的阅读搭档。下面将从阅读搭档的作用和如何安排阅读搭档一同完成阅读目标的角度，分享一下笔者的经验。

阅读搭档

严格来说，孩子幼年时候的亲子阅读阶段，家长是孩子的阅读搭档；孩子在学校学习的时候，老师和同学是孩子的阅读搭档；等到孩子有了独立阅读能力的时候，参加读书分享会的人可能是孩子的阅读搭档。

无论"阅读搭档"什么时候出现，有一点是可以确定的，即孩子的阅读不是一件百分百独立的事情。如果在孩子成长的过程中，能够有一个，或者不止一个小伙伴成为孩子的读书搭档，那这个搭档起到的作用可能会比家长和老师更大。

阅读搭档，往简单了说是能够和孩子一起阅读某一本书，或者在阅读中共同完成某个目标的人，最好是同龄人。有这样一位搭档，能够在孩子的阅读中起到至少两点作用。

第一点作用，阅读搭档是孩子阅读的一个参考系。孩子的阅读搭档要么是班里的同学，要么是家里同龄的亲戚，孩子之间的熟悉度会更高。因为他们所接触到的外界条件和知识类别交集比较多，沟通成本会更小一些。简言之，同龄人之间有独特的沟通语言，代沟是不存在的。

有了阅读搭档之后，孩子在和搭档一起阅读某本书，或者完成某一个阅读任务的时候，家长能够明确判断自己家孩子的阅读水平与别人是有差距，还是领先。有一次笔者去表弟家做客，他当时上小学，他的同班同学也在他的家里，是一个男生。笔者让他们二人一起阅读某一本书，好像是《安徒生童话》，或者《格林童话》之类的。当时笔者在给他们讲故事的时候，能明显感觉到表弟跟不上他同学的思维。笔者问，童话里的王子和公主都会过上什么样的生活？表弟的同学几乎是不假思索答出"幸福"这两个字，而表弟则是一脸茫然。这时候笔者知道了，表弟平时不太看童话书。

第二点作用，阅读搭档可以相互交流读书的感受和体验。这个作用家长应该都能想到，但家长可能想不到的是，经由同龄人激发的思考，会比成年人讲授的知识更容易被孩子们记住。再举个例子，笔者在初中时候有一个很好的朋友，现在想来，我们俩应该属于彼此的阅读搭档，既是同班同学，也是邻居，而且我们俩的兴趣爱好还很接近，都喜欢看科幻文学作品。有一次笔者和他在操场上跑步，聊起来关于外星人的作品，笔者当时提了一个问题："你说这个科幻文学，为什么不假设人类是宇宙里最先进的文明呢？如果是这样，入侵地球的外星人不就没有好果子吃了吗?"（这个问题的提出是因为彼时笔者接触的科幻文学作品还很有限，当时思考的这个设定其实是有类似作品的。）笔者提了这个自认为很有道理的问题后，朋友马上说:"这个问题我也想过，但是你想啊，如果他们没有人类技术先进，怎么来地球呢？人类现在飞到月球都费劲，比我们还落后的文明，岂不是连他们的大气层都很难突破?"真是一语惊醒梦中人，这件事给我留下了非常深刻的印象。如果孩子有阅读搭档，他们的交流以及相互激发的思考是别人代替不了的，更何况阅读搭档还可以成为孩子的好朋友。孩子如果有个喜欢读书的好朋友，是不是非常值得高兴的一件事?

四个步骤

假设孩子已经有一个或者几个阅读搭档，无论这个搭档的水平和孩子相比是持平，还是有差距，都不重要，重要的是孩子们能够一起完成阅读任务。

以下几个步骤供家长参考。

步骤一，先确定一本或几本要孩子们一起阅读的书。这里说的"一起阅读"不是让他们同时盯着同一本书看，而是在同一个时间段内读同一本书。家长可以参考本书，给孩子列阅读计划的内容，制订一个阅读计划表。

步骤二，告诉孩子这是一个和自己的阅读搭档一起完成的阅读任务，不是只有他一个人在读。这时候家长可以给孩子们设定不同类别的阅读激励机制，比如看谁读完回答的问题多，看谁读完之后写的读后感好之类的，明确让孩子知道他不是一个人在完成阅读任务。家长还可以提前把阅读任务给孩子们发出去，让孩子们彼此有一种"竞赛"的感觉。

步骤三，阅读搭档开始各自阅读书籍。可以借鉴本书提到的批注、笔记等阅读方法，要让孩子们不时交流各自的阅读方法和阅读技巧，可以不用专门谈书里的内容，可是要让孩子有一种"别人原来是这样读书"的感觉。

步骤四，也是最有必要的一个步骤，让孩子们坐下来一起分享阅读体验和自己的阅读感受。如果问笔者阅读搭档最重要的意义是什么，那应该是孩子在阅读每一本书的时候，所获得的能够分享的知识以及表达的思考。这个思考在成年人看来也许是幼稚的，或者不那么正确，但是阅读搭档，特别是同龄孩子之间谈论起这些话题不会有成年人的顾忌，更容易畅所欲言。

孩子们交流的时候家长如果不方便参与，那也不要紧，回头可以问问孩子，关于这本书他的阅读搭档有没有有趣或者不同的想法，让孩子分享给你。时间一长，孩子就会有意识注意别人是怎么看书、怎么思考问题的了。

如果把阅读搭档这个概念扩展一下，孩子们的阅读是需要交流和引导的。引导一般是老师或者家长的使命，可一谈到交流，最好还是在同龄人之间，因为这是另外一种不同于学校里老师讲授、家庭中家长教育的学习方式，我们也可以理解为这是一种家庭读书小团队研究性的学习。

【阅后有思考】

本节内容是关于孩子的阅读搭档，笔者从阅读搭档的作用和有了阅读搭档之后的安排步骤方面和大家分享了有关经验，希望能对家长有所帮助。深入思考一下，如果孩子在同龄人中的阅读水平已经非常高，该给孩子找什么样的阅读搭档？

第十一课 控内容

哪些书孩子"不能读"

【开篇有关注】

经常有家长朋友会咨询笔者，某某书孩子能不能看，因为有些家长觉得其中有不适合孩子阅读的部分。本节内容正是关于有什么书是孩子不能读的。

为了避免下文阐述过程中产生歧义，先说明两个前提：

第一，国家正规出版社出版的图书，基本是可以被普通人阅读的，去掉其中成人世界里的相关内容和过于专业的理论知识，大部分图书对于一个识字量在 3 000 个以上的孩子来说，是没有阅读障碍的。他们只存在"喜不喜欢""读不读得懂"等问题，并不存在看了一本书之后孩子会彻底改变人生观、颠覆世界观、重塑价值观的事情。所以，即便是家长朋友发现孩子在看一些自己都觉得意外的书，也不必过于担心。

第二，本节的主题是哪些书"不能读"，其实很多明显看上去不能读的书家长都很清楚，主要是涉及色情描写、暴力美学等内容。此类读物家长自行分辨即可，下文不作说明。

本节内容讨论的是有哪些书孩子没有必要读，家长应该杜绝这些不建议读的书出现在孩子的阅读世界。

举个例子

曾经有位家长朋友咨询笔者，家里的孩子五年级，能不能读金庸先生的作品。根据前文内容，大家会理解笔者的处理方法，应该先了解孩子之前读过什么书，平时喜欢读什么书。

有这种问题的家长通常分成两类。一类是家长已经发现孩子在看金庸先生的书了，不确定里面的内容孩子能不能接受；另一类是家长本身就是个金庸迷，觉得孩子不读这些书可惜了，但是又觉得孩子年龄还小，所以家长处于不确定是否可以让孩子读的中间状态。

问这个问题的家长后来向我说明是第一种情况，孩子已经开始看《倚天屠龙记》了，而且是从电视剧开始感兴趣的。笔者的解答是，孩子的这种行为不用特别排斥，因为并不确定孩子能不能读懂《倚天屠龙记》，但是一般看了影视作品想要找原著阅读的，都是渴望画面之外的文本内容，或者说，孩子是在无意识地进行一种比较阅读。他在比对同样一个故事不同呈现方式的差异，他在寻找原始文本中的独特性。如果是这种情况，孩子愿意看《倚天屠龙记》的书，是件好事。因为大多数孩子接触过类似图书改编的影视作品之后，感兴趣的都是其中夸张的打斗、悬疑的剧情，甚至是男女主角的"颜值"，回归文学作品的少之又少。

因此，如果孩子由于某些外部原因的刺激而开始寻找某一本书来读，这本书又不是特别让成年人难以接受的话，家长可以让孩子继续读下去。

关键年龄，读关键的书

是否所有五年级的孩子都能读《倚天屠龙记》？当然不是。小学五年级学生阅读《倚天屠龙记》至少早了两年。

书写出来，特别是文学作品，都是为了给人看的，并且大部分作品的创作者是成年人。前文已述，适合孩子读的书其实不多。那孩子自发地找到成人世界里的书是不是就不行？也不是。主要还是考虑孩子的认知和发展阶段的问题。有的家长朋友认为，有些书孩子早晚要接触，不如早接触。这种观念在一些技能的学习上也许管用，但是在孩子读书的问题上多半行不通。

一位家长咨询笔者，问四年级的孩子能不能读斯蒂芬·霍金的《时间简史》。我说能读，但未必能读懂。霍金的《时间简史》虽然属于科普读物，但是阅读门槛还是有的，四年级学生读起来应该属于"啃硬骨头"。孩子如果硬着头皮看完而且还没有疑问，那读这本书多半不会有收获。因为从孩子的知识储备上来说，不会没有问题可以提出来。他可能只是把那些文字和比喻记在脑子里，自己没有思考，好比吃了一些暂时消化不了的东西，存在胃里一样。

同样，如果孩子在小学五年级开始读《倚天屠龙记》这种作品，如同家长给孩子打开了一个成年人的世界。这个世界里有正能量，有真感情，有大智慧，也有好哲理，但孩子的关注点很难聚焦在这些宝贵的价值上，保不准孩子会真以为有"乾坤大挪移"和"九阳神功"这样的功夫。

笔者开始大量阅读金庸先生的作品是在读初中的时候，现在看来，当时是为了看主人公"打怪升级"，甚至连男女主人公的感情线都没有特别的兴趣，情窦都没有初开也许读不懂武侠小说。

所以，孩子对这样的作品有兴趣，那只是追求阅读过程的快感，和看电影电视节目差别不大。成人世界的文学作品不要主动给孩子阅读，除非孩子自己发现。

"商场"比喻

我们把孩子们可以阅读的书划分几个层次。

第一个层次，适合孩子阅读的世界名著，类似《小王子》。

第二个层次，专门给孩子写的童话故事和儿童文学，类似《长袜子皮皮》和"哈利·波特"系列。

第三个层次，成人文学，但是属于经典作品，类似《老人与海》《海底两万里》等，一般这个层次的作品是最多的。

第四个层次，纯粹的成人文学，但是不适合孩子阅读，类似《百年孤独》《倚天屠龙记》等。

家长朋友可以把这四个层次想象成一个1～4层的商场，最好的书都在第一层里，但是第一层的"门脸"有限，在商场外面就能看到，进来之后也只有这么多，该买的早买了。这时候孩子还想继续逛，家长也希望孩子多逛逛，于是上二楼，第二层的书就太多了。第二层的书有个好处，即孩子都能读，只不过有的有营养，有的营养少一点。

这时候，孩子发现还有第三层。第三层家长是去过的，也知道这一层里的内容虽然很好，但孩子爬上去是有难度的。这个时候该怎么办？笔者的建议是，要么自己帮着孩子爬上去，要么请商场的导购帮忙找到上去的电梯。总之，这要比孩子自己上不去和根本没有发现有第三层都要强。

商场前三层里很多书目没有禁忌，购物车可以尽情填满。但是在第三层要注意，如果在这一层买书，要看孩子的情况，他能不能看懂。本来书里面的营养很多，孩子却觉得腻，反而产生逆反心理，以后会彻底不想去第三层。

前三层逛完了，如果孩子是小学生，就直接下楼打道回府。有的孩子发现还有第四层，可是这个第四层根本不是为孩子们开的。孩子能不能上去？当然可以，但是必须有家长陪同，因为孩子现在还不具备独立逛第四层的能力。第四层的内容是最多的，像汪洋大海，孩子自己还不会划船，也不知道怎么识别方向。这片海域里有一些小岛景色很吸引人，孩子如果登上去好像发现了新大陆，可能是比前三层还要值得停留的陆地。但其他更广阔的海域对于孩子来说，都是未知且危险的，特别不建议不会游泳的孩子上去，也不建议家长在不会划船的情况下，把孩子送上去。

虽然孩子们早晚会知道有第四层，可目前来讲，第四层的书对于孩子属于本节话题"不能读"的范畴。不能读是因为孩子读不懂，不能读是因为孩子还是孩子，不能读是因为要等着孩子自己去挖掘。

【阅后有思考】

如果说有什么内容是孩子不能读的，不如说孩子应该读什么。

正确的做法应该是孩子在关键的年龄读关键的书，先把要读的、可以读的书读明白了，再考虑那些是否可以阅读的书。读了本节，不妨思考一下，类似于《明朝那些事儿》这样的作品，适合什么年龄段的孩子阅读？

第十二课　正三观

孩子对书的理解太偏激怎么办

【开篇有关注】

作为一名有十多年语文教学经验和中高考应试经验的老师，笔者想先和大家分享的是帮助，最好在初二以前帮助孩子掌握语文学习的方法，包括如何阅读不同题材的作品，如何完成考场作文，如何进行日常阅读，甚至包括读书习惯、积累习惯等。

也许考试技巧在考试前可以"临时抱佛脚"，但是语文学习方法在上了初三以后再去改进，难度比较大，原因一方面来自升学的压力，另一方面，最好的阅读时期已经快过去了。因此，在小学阶段掌握必要的语文学习方法，对于帮助孩子提高阅读速度和加强文本理解能力，极为重要。

本节内容是很多家长关心的关于孩子阅读速度和理解能力如何提高的问题，笔者将从两个场景给出建议。

考试场景

明确两个场景：一个是考试场景；另一个是非考试场景，即孩子的日常阅读。

先来分析在"考试场景"下，孩子的阅读速度和理解能力的问题。

很多家长觉得自己的孩子语文考试分数不高，是因为阅读试题读得太慢，或者理解不到位，但这或许只是其中的一个原因。对于很多孩子，特别是小学生来说，他们对于考试的认识其实并不全面。就语文考试中出现的阅读理解的题目来看，家长和孩子至少要明确下面三点。

第一点，考试是需要在规定时间完成规定题目的测试。参加考试的孩子阅读速度和理解能力必须同步提高，才有可能在考试中取得好成绩，如果按照平时在家中自由阅读的模式参加考试，那成绩不会很理想。这并不是孩子的阅读速度和理解能力有问题，只是孩子不会考试。"考试场景"下的阅读理解试题是有固定套路和应对方法的，练得多了自然会有好结果，不练一定不会有结果。

第二点，语文考试中的阅读理解速度和理解能力只能代表孩子的部分水平。受制于考试这种形式，在语文考试中出现的阅读篇章并不是长篇，只能是一两千字的短篇文段。为了考查孩子知识掌握情况，一般需要孩子在10~15分钟的时间段内施展开拳脚。短文里面蕴含的知识是有限的，孩子们即便学会了如何阅读考场上的阅读内容，速度上去了，理解力提高了，也不代表迁移到生活中的阅读质量能提高。

第三点，语文考试的阅读理解训练对孩子提高阅读速度和理解能力有帮助。根据笔者的教学经验，孩子如果能够熟练掌握考试技巧，知道如何阅读考试中的文章，了解如何分析作者的思想感情，那么他们多半在读非考试类书籍的时候，阅读质量也会提高。这是因为考试本身是检测学生掌握知识的方式，抛开考试中形式化的内容，对文本的解读方式和理解大多数是通用的。只要学生用应对考试的方法面对非考试的场景，阅读速度和理解能力就会提高。

非考试场景

有趣的是，根据笔者的经验，很多学生不会用自己在学校学习到的阅读技巧和分析文章的方法，进行非考试场景的阅读。在他们看来，学校教的内容就是为了考试，不考试的话用不上。笔者每次遇到有这种想法的孩子都觉得有点痛心，并不是因为考试才有所学的知识，而是那些知识本来先于考试而存在，恰恰是学校的学习帮孩子发现了这些有用的阅读技巧。

下文将和各位家长分享在非考试场景，即日常阅读中如何提高孩子的阅读速度和理解能力。

阅读速度的提高和理解能力的加强都不是先天的，而是后天练习的结果，并且是越练越好的。这来自生物条件反射式的本能，一个人的阅读能力肯定是随着他练习次数增加而提高的。如果家长觉得孩子的阅读速度和理解能力不够，一言以蔽之，练得太少了。

非考试场景下如何加强理解训练

存在这种困惑的家长该怎么办？

笔者有四点建议供参考。第一点建议是提高阅读速度。在孩子阅读的时候要记录时间，并且明确目标。这和减肥训练的时候每天称体重差不多，其实每天称体重时体重的变化不大，但是对于人心理上是有影响的。

孩子阅读也是这样，有两种记录方法。一种是读完规定字数计算时间，然后要求孩子，对同样字数同样类别的文章下次要提高速度。此方法需要找字数差不多而且类别相似的文章。另一种是限定时间、判断页数，这个较好操作。比如孩子正在看一本书，这本书有几百页，每次让孩子看固定的时间，比如半小时，或者 50 分钟，然后记录下页数的变化。既然是训练，就要告诉孩子是有目标的，比如每过一周增加 2～3 页等。

第二点建议是专注力训练。孩子读书的时候不要让他有小动作，要专注，此点前文已述，在此不再赘述。如果进行此项训练，家长最好要先看孩子在读的书，然后针对每天读的内容进行提问，防止孩子为了赶时间而囫囵吞枣。

这里还想提醒家长不要操之过急，要循序渐进。笔者曾经用这个方法指导过几个家庭，其中有一个孩子，笔者态度多少有点严厉，还有个倒计时表放在那里提醒孩子要快点，结果孩子总想着提高速度，理解方面没有达标。孩子又比较要强，当时就掉了眼泪。这件事带来的教训是，阅读速度和理解能力的提高，对于有的家长来说可能是不能胜任的，最好还是交给学校的老师来帮忙。

第三点建议是提高孩子的理解能力。有这种疑问的家长通常是在不同孩子的比较中得出自己孩子理解能力可能不够的结论，要么是和别人家孩子比出来的，要么是和家长自己小时候比出来的。

笔者的建议是当家长产生了这种疑问，先不要着急。孩子不理解的原因可能很多，家长第一次有这种感受之后，请家长把自己的理解，或者说希望孩子有的理解告诉孩子，过几天再问问孩子相关的内容，看孩子是不是能迁移到其他事情上。换句话说，孩子的理解能力是需要成年人引导和教育的，孩子没有体现出来应该有的理解，最大可能是他不知道，这时候反而是最佳引导和教育的时机，希望家长把握住这样的机会。

第四点建议是让孩子去体会阅读内容。以语文这个学科为例，很多相关的知识是共情来的，不是按照数理逻辑推导出来的。

比如孩子学习了朱自清的《背影》，会知道父爱可以用一个背影来含蓄表达；学习了史铁生的《我与地坛》，会知道一个遭受生活苦难的人的思考是什么样的；阅读了"哈利·波特"，会知道孤儿在寄人篱下的时候要遭受多少白眼。把刚才举的这三个例子统合起来，其实是所有人家庭生活、亲人情感之间的不同表现形式，如果希望孩子对亲情有理解，除了自己言传身教之外，最好的方式是让孩子看不同类型的相关作品。简单来说，即孩子产生的理解要么是"实践出真知"，要么是"读万卷书后知千种事"。这是真正提高孩子理解能力的方法，无论是对考试，还是对生活都适用。

【阅后有思考】

本节分析了在考试场景和非考试场景中，提高孩子阅读速度和理解能力的技巧。我们可以思考一下，如果孩子读书速度快，理解能力感觉也不比别的孩子差，这是好事，还是坏事？

第十三课　玩手机

读书时坐不住，95% 是不想看

【开篇有关注】

本节的主题是当代家庭中一个略显棘手的问题，一般表现为手机和孩子之间的关系。笔者在准备本书的过程中，曾向大量家长朋友开展问卷调查，本节话题高居首位。很多爸爸妈妈都非常苦恼，孩子玩手机比看书本更有兴趣，该怎么处理这种情况？

注意力争夺战

孩子为什么会对手机感兴趣？其实不仅仅是孩子，大部分没有自制力的成年人面对手机，当然，主要是面对手机作为载体所提供的内容也都没有抵抗力。

笔者以前在高校工作的时候，发现很多同学上课时都低着头，眼前既没有教科书，也没有笔记本，有时候低着头傻笑，脸上还有反射的弧光……不用说，这正是当代大学生不好好听课、在课堂上看手机的现象。

与此同时，也有另外一部分同学每次上课都认真听讲，记笔记，提问题。他们自然也有手机，只是上课的时候是不看的。有时候会令人产生疑惑，为何同样是上大学读书，做学生的差距怎么这么大？

有的高校会采用一种措施：上课之前老师把听课同学的手机收起来，下课后再发下去。笔者认为这是治标不治本的做法，因为如果学生确实觉得这门课没有什么用处，收走了手机可以选择睡觉，所以问题并不是出在手机上，而是出在使用者身上。

作为一名老师，笔者在讲课的时候自认为很能够引起学生注意，通过各种手段调动的积极性。但这是作为一名老师和其他老师作对比的结果，不代表笔者提供的知识内容会比手机提供给学生的娱乐内容更好。因为这是一场争夺学生注意力的战争。

现在手机里的 App 不计其数，有打游戏的，有看新闻的，有搞社交的，当然，也有帮助学习的，但最后这一种无论是从数量上还是从质量上都明显不如前三项。

以打游戏为例，游戏画面精美堪比高水平动画片，剧情设计紧凑感人，音效动画流畅不卡顿，用户体验好，试问哪一个老师讲课会比这些内容更有吸引力？要知道，游戏的设计者正是千方百计让用户把注意力放到自己身上。而一个只能讲课的老师有什么？声音和肢体语言，仅此而已，而且似乎已经是极限了。可能有很多家长朋友认为教室里还有很多多媒体手段，这难道不能吸引学生？以我接触到的很多老师来说，PPT 还不如不用，因为很多老师不擅长使用 PPT 这样的多媒体，做出来的 PPT 文件质量不高，不具吸引力。

自制力

也许会有人提问，以上的问题是大学生的问题，和小学生读书有什么关系？

当然有关系，关系还不小。

第一，上述例子意在说明孩子舍不得手机作为家长应该理解，因为手机确实吸引孩子。手机内容是为了吸引人的注意力而设计的，是遵从人性的结果，如果不这么做，手机不会有人用。所以先不要从孩子身上找原因，因为客观上孩子无法拒绝。

第二，有自制力者会自动屏蔽手机带来的不良影响，比如课堂上认真学习的学生。在他们的人性里存在另外一种动力，或者说动机，知道需要在特定的时间拒绝手机的吸引，因为还有比看手机更重要的事情。

接下来，让我们看看中小学阶段。随着生活水平的提高，很多家长在孩子上小学的时候就给孩子配备了手机，年龄层更低一点的孩子也会偶尔使用手机，是不是很多孩子在家里都会手动找到手机在上面点点划划？有的孩子甚至比成年人更快掌握玩手机的方法。可我们要注意到一个问题，即中小学生，特别是小学生，是没有成年人这种自制力的，或者说他们的自制力正在形成，这个时候寄希望于他们自己放下手机，拿起书本，难度之大，可能会超过我们的想象。

笔者一位好朋友的孩子五岁，某次聚餐，大人们推杯换盏相谈甚欢，多少会冷落孩子。五岁的孩子正是需要关注的时候，于是孩子开始做一些吸引大人注意的事，一会儿用筷子敲敲盘子，一会儿突然叫一声。孩子的妈妈为了不让孩子干扰大人说话，主动拿出手机给孩子玩，孩子几乎是把手机从妈妈手上抢过去的，熟练地解锁点开软件，心满意足地开始看动画片，之后再也没有吵到我们。

笔者当时问朋友，孩子在家是不是也"一有手机就安静，没有手机就闹腾"？朋友说差不多。笔者笑笑说："对，因为这已经成了他的条件反射，闹腾之后会有手机玩，这已经成了和吃饭睡觉同等重要的生理需求。"朋友也笑了，说她自己也差不多。可见，有时候别怪孩子总要玩手机，很多坏习惯都是家长一手培养起来的。

对于成年人，该行为属于手机依赖；而对于孩子，应该换个说法，可能是手机成瘾。

在电脑刚刚开始普及的时候，很多厂商设计有防沉迷模式。现在有的手机也具备这种功能，有点类似车里的儿童锁，目的就是保护孩子。因为毕竟还是个孩子，作为成年人，不能指望孩子自己懂事。笔者朋友的做法无异于饮鸩止渴。

治好手机病具体该怎么做

玩手机和以前孩子打游戏本质上没有什么区别，都取决于家长怎么引导。本节的话题在笔者看来实际上是两个问题。

第一个问题是孩子怎么样才能不玩手机，第二个问题是孩子怎么样才能爱看书。

家长朋友不要以为第一个问题解决了，第二个问题也会顺便被搞定。让孩子不玩手机是个生活习惯问题，而是否爱看书则是学习习惯培养的问题。笔者个人的倾向是从保护身心健康和眼睛的角度看，玩手机必须进行总量和内容的控制，不要长时间使用，也不要使用手机看视频打游戏。

第二个问题另有章节专门讨论。本节主要是针对第一个问题，提供三个阶段性的建议供各位家长参考。

首先，在孩子还没有养成玩手机的习惯之前，请家长（主要是学龄前儿童的家长）每天回到家中的时候将手机调成无声状态，不要在孩子面前使用手机，尤其不要在孩子面前看视频打游戏。要知道，被画面和情节吸引的不仅是成年人，孩子会更加目不转睛盯着屏幕。家长是孩子最好的效仿对象。如果晚上没有特别的事情，建议家长最好进行阅读。同理，看电视等娱乐行为也最好不要直接在孩子面前进行。

其次，如果孩子已经有点离不开手机了，这时候需要从手机上下功夫。手机尽量不要连上家里的 Wi-Fi，因为孩子可以用手机进入互联网，互联网上海量的信息对孩子来讲有着巨大的吸引力。等孩子对手机的兴趣和热度随着时间逐渐消退，他会发现，手机也只是一种工具，还会有别的兴趣点出现，替代孩子对于手机的关注。如果孩子已经上小学，可以选择买一个功能受限的学习机之类的电子产品，逐步替代孩子用手机的需要。

最后，如果孩子现在已经配备了手机，或者手机的使用频率远远高于同龄人，甚至超过了家长能够忍受的极限，那请关注孩子使用手机到底是在干什么，是在打游戏，还是在看视频，抑或是在搞社交。以笔者的经验，当前小学生群体中，用手机进行社交并不是主流，玩手机的主要目的是打游戏、看视频或观看直播。这时候家长对软件该卸载卸载，对孩子该批评批评，帮助孩子建立更适合的生活计划，锻炼身体、阅读书籍都是很好的选择。

【阅后有思考】

手机的使用是否对孩子有百害而无一利也要一分为二地看。随着时代的发展，不可能完全阻隔孩子和手机之间的联系，最好的方法就是教会孩子合理使用手机，利用手机进行学习，获取知识。我们不妨思考一下，同样是用手机学习知识，是听的内容更好，还是看的内容更好？

第十四课　不仔细

阅读是一项"必须动笔"的活动

【开篇有关注】

本书中曾多次提到过利用批注、阅读计划等学习方法来配合孩子们的阅读，本节所涉及的内容也属于这些工具性的范畴，那就是阅读笔记。

什么是阅读笔记，该怎么做阅读笔记，做了笔记之后该怎么用，有哪些注意事项等，下文将逐一作答。

笔记的功能

阅读笔记，是在阅读的同时做笔记。而单纯谈论笔记的话，很多人会狭义地理解为是上课听讲记录的课堂笔记。有很多专门学习过笔记法的人听说过"康奈尔笔记法"等，这些笔记法的目的和作用其实是辅助听课、听讲等的记录方式。笔记的用途是为了记录，因为"听"这种行为是线性的，他人讲述的内容经过听众的耳朵后会消失，只有留在脑子里的才是被记住的。为了更好地记忆这些线性的内容，笔记这种学习方法便产生了。

线性的声音内容的记载，我们通过自己的记录，如关键点，或者是图示，甚至是评论等，总之能够提示我们记忆的，都可以概括为笔记的功能。

但是孩子的阅读笔记是少了线性的"听"的环节的，表现形式为在孩子阅读的过程中和过程后被记录下的内容。所以阅读笔记和课堂笔记、听讲笔记从功能上来说是有区别的，其差异在于阅读笔记的功能之一是增加孩子对于内容的积累。该功能可以通过在书上做批注等方法表现，所以孩子写读书笔记最重要的功能，就是帮助孩子积累阅读到的知识。

那么该如何做阅读笔记？简单来说，即孩子读过了内容之后记录在本子上，但是要记什么，该怎么记，则会复杂一些。

做笔记有方法

下面分享三种适合学生做笔记的方法。

方法一，在准备好的本子上做记录之前，先在书上画线。很多同学记笔记一开始是类似于课堂笔记的形式，听一句，看一句，然后再记录一句。前文已述，课堂上老师讲课是线性的，如果孩子不记录可能稍后便会遗忘。但是孩子阅读的时候并不是这样，文字都印在书上，跑不了，所以不需要看到一句马上记一句。阅读是需要连贯性的，如果总是重复看一句记录一句，阅读过程就会因为不连贯而带来理解不顺畅问题。每次抄完一句话孩子都在想，刚才为什么抄这句话。所以笔者不建议这种类似课堂听讲的笔记记录方法，建议孩子在阅读的时候用笔把想记录的文字做上标记——比如画线，在每天阅读结束后集中记录到本子上，这样更适合阅读笔记。

方法二，用不同颜色的笔区分记录的内容。很多同学的阅读笔记只有一种颜色，当然这也是一种记录笔记的方式，只不过用更多的颜色记录不同类别的内容会更有利于之后的回忆。举个例子，一般来说，阅读的时候遇到需要记录的内容分为两种，一种是感叹作者写的文字语言很好，另一种是引起了自己的共鸣和思考（后一种一般要写批注）。隔了一段时间，孩子再次翻看自己笔记的时候，该怎么区分是作者的语言文字精彩，还是当时自己有思考？难道每次都把书再从头到尾读一遍？这显然是一种低效率的阅读。更好的方法是用至少两种颜色的笔区分，比如红色的笔专门记录书里的原话，蓝色的笔专门写自己的感想等等。如果还有其他的类别，也可以再增加颜色。当然，颜色千万不要太多，以不超过 3 种为好，花里胡哨的颜色容易把孩子的注意力转移到其他地方。

方法三，阅读笔记要有辅助记忆的要素，比如阅读的日期、阅读的时长，甚至是书的来历等。假设读一本书用了一周的时间，可以在阅读结束后在书的特定位置标注一下阅读的起止时间。家长千万别小看记录日期和阅读时长，这些要素能够帮助孩子建立起长期阅读的意识。如果能长期坚持做阅读记录，家长还能据此判断孩子的学习情况。

更进一步的做法是形成自己的记录语言和符号体系。如在孩子自己建立的阅读体系中，蓝色的横线表明好词好句，红色的点阵线表示存有疑问，黑色的方框表示常见名词等，时间一长，孩子就会有自己独特的读书语言。但达到这个程度会比较难，所以不推荐小学生掌握。

如何使用笔记

记了笔记之后该怎么用，有一些注意事项。

笔者在刚刚从事教学工作的时候，在日常教育教学中，经常发现很多同学热衷于记笔记，但是有的同学是记了就完了，本子合上之后基本不看。

后来在大学从教，同学们已经有了更先进的电子设备，上课遇到重点内容，直接举起手机拍照，笔者有时候都有一种明星面对"长枪短炮"的被审视感。不得不说，直接使用手机记录虽然方便，但是结果可能是"上课简单拍照，下课容易忘掉"。当代学生往往都会进入这种误区：拍了等于看了，抄了等于会了，记了等于懂了。

这样的学习是形式化的学习。再如很多同学的笔记非常精美，但是会让孩子被异化。如果字写得漂亮，笔记有设计感，之后看起来当然更方便，但记笔记不是为了美感，是为了将来能够经由笔记回忆起阅读的内容，甚至是激发出全新的灵感。所以笔者不推荐笔记往"华丽"的形式上靠拢，毕竟实用性是第一位的。

下面分享 3 点笔记记录之后的使用方法和注意事项。

第一点，定期回顾笔记。很多家长听说过"艾宾豪斯记忆曲线"。我们知道，要记住某些知识是需要按照时间的递增来复现和练习的，孩子阅读的时候如果总是追求当场记住，其实效率不高，最好的方法是按照某种规律去重复记忆。笔者的建议是，孩子记录的笔记没事翻看一下，当成一种重复学习的过程。否则，记了之后又不去回顾，那还不如一开始直接拍照记录。

第二点，使用记录过的内容。记阅读笔记是为了学习知识，那学习知识是为了什么？很重要的一点是要用。无论是日常生活，还是写作表达，当遇到适合用曾经记录过的内容的机会，要敦促孩子积极使用。很多成年人会做自己的知识整理体系，其笔记则是很好的体现，这跟很多学校要求学生在错题本上积累错题的效果是一样的。如果不知道这些知识用在何处，那也仅仅是单纯的记笔记。更何况，经过使用的知识在孩子的记忆里会更加深刻，这是一件相辅相成的事情。

第三点，记阅读笔记贵在坚持。任何一种技能的学习和习惯的养成，都需要坚持。笔者在本书中多次提到，孩子的成长切忌"三天打鱼两天晒网"。笔者接触过一些同学，他们天赋很好，但是做什么事情都是虎头蛇尾，记阅读笔记也是一样，其往往是看了很多坚持了很久的同学的阅读笔记，自己很羡慕，于是也开始记录阅读中遇到的好词好句等内容，买了精美漂亮装帧华丽的阅读记录本，郑重其事地写上自己的名字，写上每天的日期，第一天，第二天，第三天……

一般坚持一个星期都算时间长的了，这种爱慕虚荣式的学习完全不可取。因为到最后知识是否留下来不取决于笔记上记录的内容，而是取决于孩子坚持下来形成的习惯和融化到骨子里、血液中的学识和修养。古诗说"腹有诗书气自华"，可没有人说"记了笔记气自华"。

【阅后有思考】

本节的主题包括记阅读笔记的方法和注意事项。最后再说明一点，记阅读笔记属于工具属性的技能，用好了事半功倍，用不好，或者不能坚持会变成耽误时间、浪费青春。所以奉劝所有的父母，如果希望孩子掌握这项技能的话，一定要帮助孩子养成习惯再考虑进一步的学习方法。我们不妨再思考一下，孩子如果喜欢记笔记，也坚持了很久，但热衷于把笔记设计成很漂亮的样子，请问该如何处理？

第十五课　电子书

要不要给孩子买电子书阅读器

【开篇有关注】

随着时代的发展，知识的载体在不断发生变化。以阅读为例，从最早的甲骨文，到后来把文字刻在竹子上，成为一卷一卷古老的书简，再到造纸术和印刷术的出现，知识的存储和传递都有了质的改变。

近年来，电子书的出现让人们在阅读的时候再也不必携带沉重的书本，可以使用专门的电子阅读器，比如已经属于过去时的Kindle阅读器，当然也可以直接在手机上或者在平板电脑上使用App进行阅读。而且电子书阅读器为了能够保护人的眼睛，已经有了完善的技术，可以模拟纸上文字呈现的效果，还能随时调节亮度和字体字号。这对于很多爱读书的人来说，确实方便了不少。

可是，孩子们能不能用电子书进行阅读？

存有这种疑问的家长，其实是想知道下面三个方面问题的答案。

第一，孩子看电子书能不能学到知识，会不会因为知识的载体是电子产品就忽略了知识的重要性？

第二，孩子是看纸质书好，还是看电子书好，两者哪个阅读效率更高？

第三，如果让孩子看电子书，该怎么办？

利用电子书学习知识

孩子阅读电子书能不能学到知识？本书此前已讨论过孩子玩手机的例子。因为手机游戏等内容，电子产品之于孩子主要是娱乐，所以有的家长担心孩子一旦使用了电子书，会不会把精力都放在电子产品的功能上，一会儿换个主题，一会儿调个背景，玩得不亦乐乎，这是不是对孩子的学习有影响？

这种现象绝对存在，但不是长期的，只要不是让孩子用手机看电子书。

手机的屏幕对孩子视力有影响，所以提到的电子书孩子能不能看，实际上是讨论模拟纸张呈现效果的电子书阅读器。说白了，电子书阅读器只有看书这类功能，最多就是换个阅读字体，调调行间距。即使孩子觉得此种电子阅读器好玩，过两三天孩子对这个阅读器功能的新鲜劲儿便会过去，家长不用担心因为这是个电子产品便必然会让孩子新鲜得不得了。孩子们生活在信息技术快速发展和移动互联网普及的当下，无论几岁的孩子，玩手机都很顺畅，使用滞后或者觉得自己玩不转的都是成年人。以当前电子书的功能来看，如果说孩子会因为单纯阅读的功能而觉得新鲜，那手机的吸引力还是更大一些。

因此，如果孩子很喜欢读书，家长又觉得纸质书、特别是公版书不适合等原因，即便是从成本的角度考虑，给孩子置办电子书阅读器是没问题的。

电子书 vs 纸质书

孩子如果能看电子书，那是看电子书好，还是看纸质书好。回答这个问题会稍微复杂一些。

首先，要看孩子的年龄，孩子年龄越小越不适合看电子书。因为无论是亲子阅读，还是孩子独立阅读，有一个动作是必不可少的，即看书的过程伴随着来回翻书页的动作。本书在介绍学习阅读方法时，提到了标注法，即快速找到记忆中有印象的某一页，这时候电子书的翻页是不如用手翻纸质书迅速的。人的大脑是个很厉害的"处理器"，能快速指挥手找到纸质书上对应的页数，而目前电子书在这一点上做不到，如果想找到之前的某一页，除非当时做过记录，或者打上了电子标签，不然，之后找的时候也会因为步骤的烦琐而影响效率。也许以后软件升级，声控系统更发达了，孩子对着电子书说一句"请帮我找到小王子去的第三个星球"，说不定电子书可以自动翻到那一页，但目前还做不到。

其次，培养孩子的阅读能力，其中有一项是让孩子学会写批注、记笔记。这个功能电子书是能做到的，无论是拼音输入，还是直接手写保存为图片等，甚至电子书还能帮用户整理好所有的笔记。然而，这恰恰是我们希望孩子能够锻炼的能力。也许年龄比较大的孩子可以熟练使用电子书记录想法，汇总笔记；如果孩子还在上小学，写字都不是很熟练，语句表达不连贯，确实不适合直接让电子书帮助他们学习。他们这时候应该学会的是依靠自己的大脑和手去记录，去汇总。好比当代人想要生火的话，不光要知道怎么用火柴或者打火机，还要知道它们的原理都是摩擦生热。电子书的记录和汇总功能类似方便的打火机，可孩子什么时候能理解甚至制造出火柴和打火机？是在孩子知道摩擦生热的原理，并且实践过以后。

最后，电子书之于孩子的学习还有个比较大的缺陷，即内容的管控不及时。孩子坐在那里看书，如果是纸质书，家长瞅一眼封面会知道孩子看的是哪一本，是经典名著，还是学科教材，甚至是漫画读本。家长只要有心，孩子看的图书内容是可以管控，并且能够加以判断的。如果是电子书，特别是能联网的电子书，孩子看起来是在看书，但他是在看"少儿不宜"的内容，还是在看"少儿宜"的内容，难以判断。

笔者的观点是：孩子不是成年人，不能完全放开不去管理，因为自制力和自控力是培养出来的，不是天生的。自制力不强的孩子，如果给他一个电子书阅读器，无异于是给了他一个更加方便读书的入口，正如那句名言："把窗子打开，进来的不仅有新鲜的空气，还可能有苍蝇。"目前市面上的电子书主打的消费群体不是孩子，因此不会重点开发诸如儿童锁、防沉迷系统等功能。从这个角度看，电子书对于孩子，特别是年龄小的孩子并不适合。

如果使用电子书

笔者本人是纸质书也看，电子书也有，从早期的汉王电子书，到一至三代的 Kindle 阅读器都有。一方面因为工作需要，喜欢方便和随时随地能看书；但另一方面，笔者认为看纸质书比看电子书有仪式感，经典的作品用纸的方式呈现和用存储的方式呈现，是有很大差别的。

也许将来有一天，电子书取代了纸质书，特别是从环境保护的角度看，电子书的普及能够降低森林面积的减少速度。然而纵观当前的出版行业，纸质书还是有很大市场的，所以仅以当前孩子的阅读能力培养来说，还没有到迫切需要培养孩子学会怎么更好使用电子书阅读的阶段。

不过，对具备前瞻性思维的家长，有下面三个建议。

第一，从孩子实际情况出发，如果孩子已经到了自己选择阅读书目，并且有独立阅读的能力和审美的阶段，可以让孩子看电子书。但是要用电子书配合纸质书，用电子书看的内容也是要区分消遣娱乐，还是学习提高。因为毕竟家长很难管控，所以要定期确认孩子电子书里的内容，甚至是列个电子书阅读计划。总之，在孩子还没有完全区分电子书是知识的载体，不是享乐的工具之前，家长需要多留意。

第二，如果孩子不喜欢阅读，但是喜欢电子产品，那建议给孩子看电子书，他们多少会因为新鲜而去接触书籍。家长不要在乎是不是阅读纸质书对学习更好的问题，能引起阅读兴趣要比怎么引起的阅读兴趣更重要。注意，这里说的是电子书阅读器，而不是装着阅读软件的手机 App。

第三，培养孩子用电子书做摘抄、写批注和汇总知识的能力。假设电子书阅读的潮流势不可当，请选择顺势而为。如果孩子注定要用电子书来阅读知识，不妨要求孩子在看电子书的时候，把辅助阅读的功能和他们应该掌握的阅读技巧都用上。这里还有个小建议：如果家长选择这么做，请定期把孩子在电子书上积累的内容汇总出来给孩子，这也算是一个阶段性的鼓励。

【阅后有思考】

本节我们讨论了孩子能不能读电子书的问题，从电子书能不能读，到电子书和纸质书相比的优劣势，再到如果用电子书应该怎么给孩子读三个方面进行了分享。我们可以再思考一下，有的家庭给孩子配备了手机，如果孩子在手机上安装了阅读电子书的软件，家长认为该怎么处理？

第十六课　选时间

斋戒沐浴，焚香祷告，读书需要仪式感吗

【开篇有关注】

在笔者指导家长帮助孩子学会阅读的过程中，有一项训练是要求孩子在书上画线做批注，但是会遇到截然相反的两种情况：

第一种，孩子完全不愿意在书上画线做批注，觉得对书籍不尊重，希望书籍保持最初的完好形态。

第二种，孩子对书籍并不重视，在书上乱写乱画，在家里把书随便乱丢，从来不整理，有时候甚至找不到上一回批注到一半的书籍。

上述两种情况都属于比较极端的情况，客观反映出来很多孩子对待书籍，或者说对待阅读这件事的态度。

如果要训练孩子养成阅读的习惯，不妨试着创设阅读的仪式感。

为何要有仪式感

纵观人类历史，"仪式"一直是一种重要的文化现象，是可以使人们理解自己所具有的身份、地位和社会角色的重要行为。通过仪式，人们彼此建立起相互联系和所谓"共同体"的感觉。

随着时间的推移，经由"仪式"产生的"仪式感"似乎已经流淌在人类的血液中。"仪式感"可以说是通过仪式所带来的情感体验，诸如尊重、庄严、认同、归属等。时至今日，常见的民间仪式包括婚礼庆典、毕业典礼、节日游行等。

婚姻、毕业、重大节日本身的价值需要通过仪式进行记录和彰显，而这种仪式带来的感觉，能长久地产生精神上的影响，最终变成回忆而被时常提起。

为何孩子读书这件事需要仪式感？

首先，读书的仪式感来自一种文化现象。这种感觉可以帮助孩子更好地理解自己所处的文化和社会环境中。举个例子，北京的国家图书馆新馆中有个巨大的凹陷至地下的自习区域，周围是海量的图书，中心是书桌，安静的氛围即使是掉落一根针都会产生回响。任何一个走进这个环境的人会自然想到自己发出的声音是不是太大了，停留在这里的人都会更容易进入阅读或者学习的状态。

试想一下，为何学习的场景通常需要安静？闹市中虽然也能学习，但是需要极大的定力和自律。正是因为安静的场景呈现出一种仪式性的特征，当周围的人都在做相似事情的时候，我们也会更容易进入相同的状态。孩子的注意力往往是难以集中的，经常是前 10 分钟还在看书，后 10 分钟就想着玩哪一款新买的玩具。如果希望孩子更容易进入读书的状态，创设适合孩子的阅读仪式感是非常重要的。

其次，阅读的仪式感可以给孩子提供积极的心态和愉悦的体验。其实不仅是孩子，成年人也经常忽视仪式感带来的诸多体验。以笔者为例，笔者原来认为当代人的婚姻习俗是一场大型的"烧钱"运动，然而每次参加朋友的婚礼，都会被感动得流泪。再如，笔者一共参加过十余次本科生的搞笑毕业典礼，每一次都会被即将离开校园的同学间的情感所触动。虽然毕业离校是一个过程，在以后的人生旅途中同学们还会不期而遇，但是对于毕业的情愫并不会因此而让人丧失了感觉。

为什么会出现这种情况？因为仪式创设出的氛围是一种特定情感体验的"催化剂"，平时很难出现的心态在仪式的催化下都会产生。

孩子的阅读也是一样。试想一下，如果孩子在整洁的书桌前，在排列整齐的书架旁，周围都是捧着书阅读的人群，孩子是不是会更有安全感，更能产生读书的想法？

如何给读书创设仪式感

下面我们分享一下如何在家庭教育的环境中，为孩子创设出更利于阅读习惯养成的仪式感。具体有四个建议。

第一，创设舒适的阅读环境。良好的生活环境会给人带来愉快的生活体验，孩子的阅读同样需要舒适的环境。因为家庭经济环境的差异，"舒适"无法完全按照同一套模板定制，我们可以从中选择几个共性的要素进行加强。

首先是要让书籍出现在孩子伸手可及之处，尽量不要让孩子为了找到一本书而面临很多的困难。假设家中备有书架，孩子的图书应该在能伸手够到的相对较低的地方，不要摆得过高，以至于孩子无法直接获取。

其次是需要有一个舒适的座位。可以是坐垫、沙发，或者是专门的阅读书桌。让孩子愿意在阅读的空间更多的停留，甚至可以告诉孩子，这是专属于孩子读书的"座位"，父母不会占有。

最后是减少影响孩子专注力的因素。在孩子阅读的过程中，尽量保证家里的环境是安静的。比如不要在孩子看书的时候打开电视、播放视频、收听音乐等，因为这些会导致孩子的注意力从阅读这件事迁移到吸引其注意的环境中。

除此之外，成年人之间某些对话也容易使孩子的注意力发生偏移，要尽量规避。

第二，选择相对固定的时间。孩子养成某种习惯，需要一定时期的重复性锻炼。比如孩子养成早起刷牙洗脸的习惯，起初可能会觉得麻烦或者想办法偷懒，但是只要孩子养成习惯之后，在对应的时间没有遵从该项习惯，会觉得不舒服或者别扭。阅读也是一样，在养成习惯之前，多半会出现反复。

笔者建议采用固定时间完成固定项目的方式，帮助孩子养成读书的习惯，如同每到特定的时间，中国人就会有固定的仪式一般。大年三十不吃饺子，会比某个周末没吃饺子更让人觉得缺少了什么；开学典礼如果没有看到重要领导发言，会觉得典礼仪式还没有结束……把阅读放在特定的时间进行，更有利于孩子养成良好的阅读习惯。

比如，孩子每天晚上吃完饭后至少进行半个小时的阅读，可以给孩子准备一个计时器，在需要阅读的时候进行定时。坚持一段时间之后，孩子自己会在对应的时间找到计时器开始每天的饭后阅读。

固定时间对学龄前和小学低段的同学还有保护视力的作用，不要长时间盯着书本可以保护孩子的视力，看一段时间的书籍后休息一会儿才能拥有更明亮的双眼。

第三，给孩子设定阅读目标。当代少年儿童所面临的信息无疑比十几年前更加丰富。笔者小时候，可以阅读的书籍并不是很多，一方面受制于物质条件，另一方面受制于技术手段。然而当代少年儿童可以阅读学习的渠道、方式都已经被大大拓展，许多家长都在忙着帮孩子在多种意义层面去粗取精。当可供孩子阅读的文本内容增多的时候，有目标的阅读更适合孩子养成阅读的习惯，而追寻目标和实现目标的过程，也是一种仪式感。笔者建议在给孩子设定阅读目标的时候，注意以下三个方面。

首先是目标要合理。本书中有许多章节都提到孩子的阅读应该和年龄、阅读阶段相适应，在设定阅读目标的时候要根据孩子的实际情况，既不能揠苗助长，明明孩子无法阅读也非要让孩子阅读，也不要自欺欺人，明明孩子读过之后没有效果却认为孩子已经有了长进。

阅读目标可以是每天阅读固定的页数，也可以是一段时间内完成固定图书册数的阅读。也许刚开始并不会直接设定出合理的目标，但是目标是可以调整的，可以随着孩子阅读的深入不断调整阅读目标，使之逐渐合理。

其次是目标可视化。知识和信息本身是抽象的、摸不着的，如果孩子平时阅读只是捧着书干巴巴地看，每次读过书之后没有留下任何痕迹，那对孩子来说阅读效率会降低。阅读的仪式感有时候会依赖于可见的，甚至是可以量化的指标。例如很多班级后面的小红花排行榜等，这在学校也许会引起某些竞争性问题，但是在家庭中，对孩子的阅读进行可视化的标记有助于孩子阅读。

例如，在家中专门设置一个读书角，读书角的墙上贴着孩子读过的书目。每读一本书之前先把书名贴到墙上，该书读完之后将书名做对应的标记即可。或者是专门找一个笔记本记录孩子读过的书目，哪怕是只有书名和作者信息，日子久了孩子也会产生读过许多书的成就感。

最后是目标达到后的鼓励。在孩子完成每个阶段的目标之后，家长可以给孩子必要的鼓励。本书前面的章节也提到，鼓励是比物质激励和单纯表扬更有效的教育方法。当孩子完成了阅读目标，家长按照一定的方式对孩子进行鼓励，能够更有效促进孩子阅读习惯的养成。

以笔者为例，笔者小时候，外公会在我每次阅读完几本书之后带我去看一场电影。彼时看电影为我打开了许多了解外面世界的大门，每当我完成阅读目标的时候，都会把走进电影院作为自己又一次有收获的仪式。

当然，对于孩子的鼓励可以有更符合每个家庭的独特方式，但其本质是一样的，在孩子完成阶段性目标之后，让孩子知道其行为是值得被赞赏的。

第四，利用物品加强仪式感。很多人都有一种习惯，遇到喜欢的文具会买下来，即便是很少使用，也希望自己能够第一时间拥有。这是物品带来的仪式感。

在孩子读书的时候，家长不妨准备一些能够加强阅读行为仪式感的物品。比如可以准备一个小小的印章，刻着孩子的名字或者喜欢的图样，每读完一本书，便在书籍的某个位置盖印进行标记。每盖一次章，孩子都会有完成一本书阅读的仪式感。或者给阅读的书目配备专门的笔记本或文具，尽量使用孩子喜欢或者有特殊意义的，在孩子进行阅读的时候才使用。

上述加强仪式感的方法，其核心是让孩子在刚开始培养阅读习惯的时候，认可阅读是一件重要且特别的事情，避免随意地开始阅读的训练。

仪式感在书外

本节想要强调的是孩子进行阅读训练的开始阶段，当孩子已经具有了阅读的习惯，仪式感可以适当降低。

作为家长或教育者，我们关注孩子阅读的重心有很多，如通过鼓励孩子分享阅读心得，通过提供有趣的阅读文本激发孩子的阅读兴趣和积极性等。如果把阅读作为生活当中必要的组成部分，孩子的生活本身也需要各种各样的仪式感。

所以，不要仅仅把仪式感作为阅读习惯培养的环节，还应将其看作生活中不可或缺的一部分。说到底仪式是一种形式，我们发现仪式感对孩子阅读的作用，并不意味着为了有仪式感就可以牺牲其他阅读的重要环节。与之相比，家长朋友更应该尊重孩子的阅读兴趣和阅读节奏，不要强迫他们读不喜欢的书或者读太多太快。我们还可以通过其他方式来激发孩子的阅读兴趣。比如，可以与孩子一起探索他们感兴趣的主题，并找到相关的书籍。同时，家长也需要逐步帮助孩子尝试不同类型的书籍，如小说、传记、科普等，鼓励孩子参加阅读俱乐部或者阅读比赛，让他们感受到阅读的乐趣和成就感。

总之，只有在孩子内心真正产生对阅读的兴趣和热爱，才能真正享受阅读带来的乐趣。建立在此基础上的仪式感才能发挥更大的作用。

【阅后有思考】

本节提出了建立仪式感的有效方法。我们不妨继续思考这样一个问题：孩子如果无法进入创设的仪式感，该如何处理？

第三部分

方法，更需要坚持

第十七课　漫画诱惑

如何让孩子放下漫画，拿起名著

【开篇有关注】

本节内容是关于图画书中的一种孩子最喜欢看的内容，其诱惑力可能不亚于手机和电视节目，那就是漫画类作品。下文将讨论如何让孩子放下漫画，拿起名著。

两种情况

假设出现下面两种情况，我们可以先判断一下，自己会不会反感。

第一种情况，孩子不是很喜欢看《三国演义》，觉得内容晦涩难懂，但是对于漫画形式的"三国故事"看得津津有味。

第二种情况，孩子很喜欢《三国演义》，对于内容很熟悉，但他是为了更好地玩"三国演义"电子游戏，所以对《三国演义》爱不释手。

上述两种情况，想必很多家长朋友会觉得不是很好判断。要说对孩子看漫画这件事存在反感，但是孩子确实借由漫画开始接触古典文学名著了，所以《三国演义》的漫画孩子如果在看，是否应该仅仅因为是漫画这种形式而加以阻止？尤其是第二种情况，孩子是为了打电子游戏，然后研究三国故事的情节。看书是为了打游戏，家长是不让孩子继续打游戏，还是不让孩子继续阅读"刘关张"桃园结义？

其实，大部分家长的"内心戏"是孩子最好还是别看漫画，能把《三国演义》好好阅读是最好，三国相关的游戏能不玩就不玩。

评估一下上述两种情况，不难发现，如果没有三国的漫画和三国的游戏，很多孩子对三国故事的热情确实会下降。这不是说《三国演义》对孩子的吸引力不强，而是阅读纯文字不如看漫画和打游戏使孩子的兴趣来得快。

我们不妨再假设两种情况，第一是孩子看的是没有任何历史积淀或者文学素养的漫画作品，纯粹是迎合孩子的喜好；第二是孩子玩的游戏是动作或者纯娱乐类的，没有什么文化底蕴在里面。

各位家长，此时是不是没收孩子的漫画、卸载孩子游戏的想法更强烈了？

是的，笔者想表达的是孩子看漫画，也要看是什么漫画，有的漫画作品确实能给孩子带来审美体验和阅读水平的提高，不能因为是漫画便"一棍子打死"，需要具体问题具体分析。但是，当孩子开始对漫画感兴趣，或者看漫画比看别的内容更积极的时候，作为家长，确实需要注意。

适度看漫画

从大众文化的角度来看，日本漫画和美国漫画都属于孩子喜欢的内容，近年来中国漫画也有很多不错的作品。笔者作为一个喜欢看漫画，但是并不沉迷于漫画的人，可以负责任地告诉大家，很多漫画的作者有很深厚的文化底蕴，他们在漫画中融入了很多文化积淀的内容，成年读者在看的时候也会学到很多有用的知识。

那是不是说只要找到这类漫画作品，也应该提倡孩子进行阅读？

答案是否定的。

不建议孩子过多看漫画，有三点原因。

第一，和图画书一样，漫画因为表现形式，孩子本可以通过文字想象出更多的内容，但是画面一出来，想象的边界便被固定了。比如前文提到的《三国演义》漫画，其实是讲了三国的故事情节，可是因为其中人物的形象是画好的，所以孩子脑子里已经先入为主，认为其中人物就是这个样子。看漫画的第一个问题是限制了孩子借由文字产生的画面想象力，无论这个漫画和名著有没有关系，限制都会存在。

第二，漫画作品有时候会改写甚至曲解历史人物，给孩子造成误导。比如日本著名的漫画《龙珠》的主人公是孙悟空，在世界范围内都有广泛影响。不可否认的是，如果孩子原来没有接触过《西游记》，那他会不会以为"孙悟空"这个人物形象来自日本？有资料表明，作者鸟山明先生在创作《龙珠》的时候实际上是借鉴了《西游记》的，我们不否认这是另一种艺术再创作。可是孩子的分辨力不像成年人，如果孩子搞错了，往小了说只是一个经典形象的来源问题，往大了说是意识形态的塑造权问题。类似的新闻时有发生，某种手游流行之后，有的孩子甚至以为李白是古代著名的刺客，令人啼笑皆非。

第三，漫画作品中有些是为了迎合受众而创作的，存在少儿不宜的部分。比如金庸先生的作品《天龙八部》《倚天屠龙记》等，都有香港漫画家创作过，很多情节成年人看能接受，但并不能使孩子直接"免疫"，甚至会过早打开一扇通往成年人世界的大门，这些作品建议还是暂时不要让孩子看比较好。

刚才提到笔者也是喜欢漫画的人，在初中的时候非常喜欢看漫画，还曾和几个小伙伴组成互助小组，互通有无，彼此接力阅读，讨论情节发展，分析人物的武力值……现在想来，那个时候如果不是缺少管束，大多数父母都会禁止我们阅读。我们偷着看，上课放在书桌里看，放学在路上看，最终是什么结果？不考虑学习成绩受影响的话，笔者的视力大幅度下降。而实际获得了什么？说来惭愧，笔者当时还真以为经过修炼内功，人可以隔山打牛，甚至渴望被蜘蛛咬一口变成超级英雄。

所以，孩子可以看漫画，但真的要少看。

放下漫画，拿起名著

很多家长朋友会有疑问，为何父母禁止孩子阅读，孩子还是会想要看漫画？答案其实很简单。

首先，漫画确实有很大吸引力，让人爱不释手，类似成年人追电视剧，不看完"心里痒痒"；其次，孩子的精神世界是需要填充满足的，除了漫画不是说没有书提供给他们阅读，而是他们读不懂。

所以，如何让孩子放下漫画，拿起名著？这个问题应该改成怎么样让孩子学会读名著，这样才能从根本解决问题。

以笔者的成长经历为例，到底是因为什么才开始减少看漫画的？

想来有三个原因。第一个原因是某次和小伙伴在课上偷看漫画被班主任老师发现，当时书里有女娲形象，画得极为夸张。班主任老师随后给我们讲了女娲在神话里对于人类的意义。听过之后笔者就有些羞愧，不是因为看漫画被抓住了，而是因为当时确实以为女娲如漫画里的样子。第二个原因是当时能看的漫画都看完了，多看几遍也没发现更有意思，图像都印在脑海里了，挥之不去，没有更多值得挖掘的内容。第三个原因最重要，笔者当时认真读了《基督山伯爵》，大受震撼，那是笔者第一次独立完整阅读大部头的世界名著。此后便发现和经典作品相比，漫画所展示的内容确实有些幼稚，笔者遂开始广泛阅读世界名著。

年纪渐长，笔者走上工作岗位，接触到更多受到孩子沉迷漫画困扰的家长，积累了更多的经验。如果想让孩子走出漫画，走进名著，有两个建议提供给大家。

第一个建议，让孩子进行比较阅读。通过了解漫画作品和文学作品的差异，让孩子形成对比，知道文字类的图书其魅力是漫画代替不了的。这时还需要有人能够引导孩子进行名著阅读，学会找到名著的阅读方法和价值。

第二个建议，及时对孩子过度阅读漫画作品进行干预。不能放任孩子一直看漫画，要么和孩子协商，看漫画和文字书形成比例关系，不要只看漫画，要有规则意识；要么彻底没收，让孩子知道有的漫画是家长完全禁止的。和这个建议配套的是漫画作品不要放到孩子伸手可及的地方，如果有书架，则放到高一些的架子上，千万不要让孩子轻易够到。

【阅后有思考】

漫画不是一定要出现在孩子的阅读生命中，而文字阅读必须出现在孩子的阅读生命中。如果孩子喜欢看漫画，请让漫画成为进入名著阅读的入口，而不只是孩子寻求视觉快感的载体。不过，漫画并不是洪水猛兽，只要孩子正常的学习和阅读量够了，漫画也能起到调节的作用。这和电子游戏的性质差不多，纯粹的禁止也许会适得其反。本节的思考题是：如果孩子告诉家长，在日本看漫画是一种国民性的行为，所以他看漫画也没有什么错误，家长该怎么回答？

第十八课　从听到看

如何让孩子从爱"听"故事到爱"读"故事

【开篇有关注】

　　本节话题还是和亲子阅读有关，涉及本节问题的家长都是亲自带孩子读书的爸爸妈妈，尤其是妈妈。在亲子阅读的过程中，家长的最终目的是希望孩子能逐步进入自主阅读阶段，并不是要给孩子读一辈子的书。依据笔者的工作经验，亲子阅读最多到小学一年级。有很多家长向笔者咨询：为什么孩子始终都是喜欢听别人讲书，不愿意自己拿起书来看？家长的问题还有：为什么孩子在有了独立阅读的能力之后，还是会找家长读书给自己听？下文将就孩子听别人讲书和自己看书的话题分享几个建议。

排除两种情况

　　这两种情况不在本节讨论的范围内，第一种是孩子已经具备了读书的能力，但是由于时间或者其他原因，当听故事和读故事可以选择的时候，还是选择听的方式，比如在手机 App 上听课程，或者上课听别人讲读书籍等。这是多种学习方式并行，并不影响孩子独立阅读，很多成年人的学习也是只靠耳朵，不靠眼睛。第二种是孩子还不识字，没开始学汉字，所以需要父母讲书里的故事。

　　如果在互联网上检索一下，会发现问这种问题的家长其实不在少数，但都集中在孩子已经识字或是认识汉语拼音的阶段。家长认为孩子有能力自己阅读，但孩子还是要让家长讲故事，这是为什么？

三种原因

原因一，孩子没兴趣读的书希望家长读给自己听。笔者曾用几年时间和北京一所知名的小学联合做整书阅读项目，研究过程中发现有个很有意思的现象。彼时我们考虑到孩子们刚上学，汉字认识得不多，所以选择的都是有拼音的绘本，或者是字很少的绘本。但是已经有相当一部分孩子是喜欢自己读而不让家长参与到自己的阅读过程中的，而另一部分孩子偏要家长读给自己听，否则便放弃阅读。笔者起初认为后一种现象是由于孩子不识字造成的，但是有的不识字的孩子看绘画很有乐趣，而且当时所选的书和孩子年级的程度匹配，有的绘本属于孩子自己看图画就能直观理解，不需要识读汉字。

后来我们研究发现，道理并不复杂，有的孩子不喜欢某些绘本，但因为是学校老师或者家长要求读的，所以孩子的做法是"我自己不愿意读，你给我读"。这是孩子自身的原因，比较懒于或者不愿意挑战他觉得没有意思的东西。此时孩子的阅读还属于兴趣导向，有了兴趣怎么都好说，而一旦没有兴趣，希望孩子自己强迫自己是不可行的。

原因二，孩子因为识字量不够而希望家长读给自己听。一般来说，孩子在从亲子阅读向独立阅读过渡的过程中会有一些表现，比如孩子会主动去翻下一页，或者接着大人的话头往下说，这些都是孩子对书感兴趣，并且有独立阅读苗头的表现。然而我们别忘了，孩子自己读和家长领着一起读二者最大的差别，对于家长来说，书上的字基本上是都认识的，阅读属于"零门槛"，一般的童书也不会有生僻字，不存在家长读到一半突然说："哎哟，宝贝儿，这个字我不认识，你让我查查。"说得有趣一点，有的家长甚至会为了在孩子面前有面子，遇到含义未明的字也硬着头皮读下去。可是对于孩子来说，如果他汉字认识得不多，读书就变成了"每个字都是门槛，每一页都是高山"。有家长陪读的"缆车"还能平步青云，一路欣赏书里的风光，甚至还有欢声笑语。如果需要自己独立爬山，特别是山再"高"一点，那孩子的兴致会下降，畏难情绪会出现，这对于孩子的阅读体验是很不好的。

这里涉及给孩子读书的目的是什么，如果和孩子说，"有个故事真不错，你自己看看吧"。因为孩子不识字，所以他根本不知道这个故事讲了什么，这个故事对孩子来讲，再怎么不错也是错的。但是如果反过来，把带孩子读书的目的换成是让他识字，书读完或不读完都无所谓，把注意力放在孩子每天认识了多少个字，能不能念对，甚至是写对，这样效果会好很多。因为孩子要解决的是熟练识别汉字的问题，不是独立阅读的问题，等孩子把汉字识读的底子打好了，是不会还想让家长给他读书的。

如果不知道孩子识字量是多少，测试起来也很简单。找一本绘本，让孩子自己读一遍给家长听，看孩子读得流不流畅，眼睛是不是跟着文字在走就可以了。

本书前文提到过，当孩子识字量达到一定程度，读书是个意愿问题，不是能力问题。

原因三，孩子是希望家长陪伴他，听书并不是主要的诉求。分享一个例子。笔者的一个朋友，男性，平时非常忙碌，基本上就是早上七八点钟出门，晚上九十点钟回家。他很爱自己 5 岁的女儿，也很重视孩子的教育，如果有时间，陪女儿的方式主要是陪女儿读书。

有一段时间朋友咨询笔者，为啥女儿总缠着他读书，明明已经认识不少汉字了，要读的书都是翻来覆去读过好几遍的内容，孩子和家长都能背下来了，为啥还要爸爸给她读？而且有意思的是如果换成孩子妈妈、孩子外婆读都不行，只有爸爸好使。朋友说到这甚至还颇为得意，意思是"你看我给孩子读书还是有一套的吧！"。

笔者随后问朋友："你闺女听你读书的时候是不是容易走神，还愿意靠在你身上有亲密的举动，说到有意思的地方会笑得特别大声？"朋友点头。笔者说："你应该反思一下了，这说明你平时陪孩子太少了，孩子是借由听你讲故事，和你增加一些相处的时间。"

听了这个例子各位应该明白了，有时候问题只是表象，深层次的原因还是孩子缺少陪伴，特别是当代社会年轻的爸爸妈妈都很要强，不愿意为了孩子放弃自己的事业和社交。甚至有的家长错误地以为孩子特别愿意自己跟自己玩，或者愿意和小伙伴玩。其实不是，在孩子心里，父母的陪伴是很重要的。

帮助孩子完成转变

我们再来谈谈如何帮助孩子完成从听家长讲故事到自己读故事的转变。

第一，需要让孩子学习汉字，打好识字基础。以笔者的工作经验来看，这一点尤为重要。在笔者教授初中学生语文的时候，发现大部分孩子的汉字基础是非常薄弱的，且不说正确书写汉字，单就自己写完一篇作文练笔，看着顺眼都很难。所以笔者很提倡孩子在小学学书法、练字帖，这会让孩子对汉字不陌生，书写汉字对孩子独立阅读很有帮助。

第二，从亲子阅读开始有意识培养孩子读出声音的能力。简单来说即亲子阅读到一定阶段，家长读一句，孩子读一句，慢慢地让孩子自己把故事给家长讲出来。这时候家长应给予积极的鼓励和表扬，让孩子在自主阅读之后有成就感，并愿意自己把阅读行为进行下去。同时，让孩子知道父母一直在关注他的读书情况，愿意听他分享读书的乐趣。

第三，给孩子提供符合他们阅读阶段的书以及适合阅读的环境。前文多次提到过，阅读往简单了说是孩子学习乃至认识世界的工具，往复杂了说是培养孩子以后人生的一种生活方式。如果家长认为这件事很重要，就要认真对待这件事。笔者熟识的一些家长朋友正是如此，每次带孩子读书前自己都先预习、查资料，对这本书非常熟悉之后再开始和孩子一起读。有时候，我感觉这些家长对那些书的理解比某些专家还要到位。

【阅后有思考】

还有一点要强调，即家长千万不要为了让孩子尽快独立阅读而去逼迫孩子独立，"揠苗助长"这个成语用在这里是很合适的。孩子自主阅读有的快，有的慢，但这一天总会来到，一般不可能孩子到了小学五六年级的时候，还嚷嚷着妈妈给我读这个，爸爸给我读那个。因此，家长不要着急，有时候耐心要比信心更重要。本节的思考题是：如果父母自己读书就没有兴趣，亲子阅读就是不耐烦的事，该怎么培养孩子独立阅读？

第十九课　选书难题

如何带孩子选书买书

【开篇有关注】

本书前半部分几乎都是从家长和孩子的视角对阅读当中出现的问题进行解读，本节想讨论的是和阅读的对象——书籍有关的问题。

有相当一部分家长经常咨询笔者类似下面几种问题：

"花生粥老师，我家孩子三年级了，应该读什么样的书呢？"

"花生粥老师，我家孩子五年级了，有没有适合这个年龄段的书单呢？"

"花生粥老师，我家孩子自己买书的时候都买特别幼稚的书，该怎么办呢？"

……

读了本节内容之后，相信各位家长会对给孩子选书买书有所了解。

选书问题

如果各位家长对前文提到的给孩子阅读分阶段的内容还有印象，会记得孩子的独立阅读是从儿童文学过渡到经典文学作品。

能够给孩子阅读的书目自然划分成有哪些作为儿童文学作品适合，哪些作为经典文学作品适合两大类。

其实，世界上不存在一份能够适合所有孩子阅读的书单。根据笔者这几年参与课题研究的结论，对于不同时期的孩子阅读来说，适合孩子的书单由"必读书目"加"选读书目"构成。

为什么会有必读书目？

道理很简单，其一是从孩子文化素养形成的角度，其二是从考试需要的角度。我们从部编版教材的课文选择来看，"四大名著"能不读吗？《海底两万里》《红岩》《骆驼祥子》能不读吗？

上述列举的书目都属于成年人世界里的经典文学作品，孩子阅读起来也许会有难度，但是这些作品已经成了现当代中国和世界文化的组成部分。说得通俗一点，没有读过此类作品，在某种程度上会影响孩子思维和文化积淀的形成。假如说孩子没有读过《骆驼祥子》，不知道虎妞和祥子是什么关系，那之后当他在看到用虎妞和祥子这种成型的文化符号进行特定隐喻的时候，根本不会理解。

再进一步，有的书目属于语文学科素养的基础知识，如同没学过平面直角坐标系便不能学会空间直角坐标系一般。

那为什么会有选读书目？

道理也很简单，因为每个孩子的兴趣点是不一样的，有的孩子比较倾向于阅读科幻类的文学作品，有的孩子则特别偏爱描写细致的情感题材，这里面没有什么对错和优劣之分。

曾经有的家长会特别担心孩子一遍又一遍地看"哈利·波特"系列作品会不会有问题，咨询到笔者这里。笔者的回应是，孩子喜欢读书不是坏事，我们需要解决的是"怎么从只看'哈利·波特'迁移到别的作品上"。

每个孩子的阅读兴趣点存在差异，并不会完全相同，所以在一些必读的书目外，需要用大量可以选读的书目进行补充。

总结一下，给孩子选书买书我们要树立这样一个观念，在给孩子们阅读的书中，既要有必读的，也要有选读的。必读的书是需要精读和反复阅读的，选读的书可以根据孩子的兴趣，但是也要进行质和量两方面的把握。

选书标准

前文我们提到的儿童文学名著和经典文学名著，如果把它们看成是两个装有不同图书的大竹筐，其中必然有些书既在儿童文学作品中，又在世界名著的范围里，即两个筐里都有的书目。

儿童文学名著是专门给孩子写的故事书，如果再扩展一下，把所有给孩子写的书都算上也可以；经典文学名著则是成年人世界里经过时间检验经久不衰、值得反复阅读的文学作品。为了阐述得不至于太过发散，下文举的例子都放在文学的范畴里，其他如科普类读物、知识性作品暂时不讨论。

几年之前，笔者和北京市一所知名小学的副校长交流孩子读书的问题，讨论到法国著名的斜杠青年、飞行员／画家／作家，圣－埃克苏佩里写的《小王子》适合什么年龄段的孩子阅读。

这本书是什么地位此处不赘述，但这个问题确实不好回答，因为这本书是"下到9岁，上到90岁"都可以读、都能读出不同感悟的作品，而且读的次数越多，伴随着阅读思考的维度也越多。这本书到底适合什么年龄段的人阅读？答案是各年龄段都适合。

因此，我们会发现，《小王子》这本书在儿童文学的筐里能找到，在世界文学名著的筐里也能找到。不用说，这属于孩子必读书单里的一本。

第一个选书标准是，如果这本书既是儿童文学作品，又是世界名著的话，则为必读书。

看来这两个筐明显是有交集的。很多时候，我们会把世界名著这个筐里的东西强行放到儿童文学的筐里，因此，有很多书看上去是儿童文学，实际上并不适合所有孩子阅读。表现形式就是这本书写的是儿童的故事，但是不适合学龄前或低年级儿童阅读。举两个例子。

第一个例子是马克·吐温的《汤姆·索亚历险记》和《哈克贝利·费恩历险记》。在很多给孩子的书单里，至少是有《汤姆·索亚历险记》的，一般家长仅从名字和作者的层次上判断，觉得这本书孩子是应该读一读的。但是不妨问问读过这两本书的孩子，孩子能看下来已经算是非常优秀了，有相当多的孩子看了一半就放弃了，并且不愿意看第二遍。此时家长不能怪孩子，这两本书从情节上来说还可以，人物塑造也挺成功，可并不适合学龄前或低年级孩子读。为什么？因为马克·吐温在这本书里有很多关于他自己童年生活的写照，他所处的年代正是需要解放儿童天性的时候。这本书写作的对象是谁？主要是成年人。如果家长跟孩子说"你要解放自己的天性哦"，孩子能听得懂吗？所以这本书不是不好，只是对于孩子来说阅读为时过早。

第二个例子是《尼尔斯骑鹅旅行记》。故事情节用笔者的话说是"看看动画片就可以了"。作为文学作品来看，翻译和语言习惯是个巨大的障碍，这本书里很多内容都是和作者所在国家密切相关的，孩子读起来非常陌生，而且这样的篇幅还不小，简编版的内容又失去了原来故事的完整性。因此，出于由翻译和文化习惯差异导致的阅读困难，这本书也不是很适合低年级孩子阅读。

第二个选书标准是，不要迷信所谓的世界文学名著，选择适合孩子阅读的作品更好。

还要补充一点，儿童文学领域在世界范围内有很多知名作家的作品适合孩子阅读，这里提供几部作为参考：阿斯特丽德·林德格伦的《长袜子皮皮》《淘气包艾米尔》，黑柳彻子的《窗边的小豆豆》，罗尔达·达尔的《查理和巧克力工厂》等，都适合处在阅读儿童文学阶段的孩子。如果还是不知道怎么选择，还有一个小小的招数，可以按照世界著名儿童文学奖的获奖作品来进行阅读，比如"安徒生国际儿童文学奖"、瑞典的"林德格伦儿童文学奖"、美国的"纽伯瑞儿童文学金奖"等。

如何买书

很多家长给孩子买书基本都是在网上买，一买一大摞，还觉得自己对孩子挺负责任的。但笔者要告诉各位家长朋友，这的确是买书，但不是给孩子买书。

孩子接触图书应该有仪式感，随随便便出现的书只能随随便便地看，获得知识和收获的成本太低了，往往不会珍惜。正所谓"书非借不能读也"，说的就是这个道理。当然，现在家长都很忙，网上购物也方便，然而这确实不是最好的给孩子买书的方法。

给孩子买书的方法是带着孩子去实体书店，感受自己选书、交钱、把书带回家的心情。一次不需要买太多，买个两三本，看完了再买。让孩子学会尊重图书，知道这是人类知识和文化的结晶，不是随便能获得的。

家长也要把给孩子买书的过程，当成一次家庭的亲子互动，或者学习的机会。最好是家长言传身教，自己选书，然后带着孩子选书。这样还有利于建设书香家庭，营造良好的家庭阅读环境。

【阅后有思考】

本节介绍了两种选书的方法：一是要找到儿童文学和世界名著中的交集，但是要警惕那些看起来像儿童文学但是不适合孩子阅读的世界名著；二是可以参考世界儿童文学获奖作品进行选书。另外推荐了一种家长带孩子买书的方法。希望能对各位家长有所帮助。本节需要思考的问题是：孩子每次都要一次性买很多书，该如何劝导孩子？

第二十课 版本阶段

如何在孩子合适的阶段选择合适的图书版本

【开篇有关注】

很多图书由于其经典的地位而被再版多次，还有的图书因为读者的广泛性会出现各种各样的再加工版本。该如何选择同一本书的不同版本？本节将以四大名著为例，分享如何选择适合的版本，以及如何让孩子开始阅读中国古代四大名著。

四大名著的阅读进阶

中国古代四大名著是指罗贯中的《三国演义》、施耐庵的《水浒传》、吴承恩的《西游记》、曹雪芹的《红楼梦》。这四大名著并不是谁评选出来，或者封出来的，可以算是出版社阴差阳错"创造"出来的。新中国成立初期，出版社希望集中出版一批优秀的古代文学作品，当时选了六本书，除了现在普遍知晓的这四部之外，还有蒲松龄的《聊斋志异》和吴敬梓的《儒林外史》。但是由于种种原因，最先一期出版的只有四部，以至于当时那套本来应该叫"六大名著"的书，只好叫"四大名著"了。后来这个系列火起来，导致中国古代最好的文学作品好像就是"三国""水浒""西游"和"红楼"了。

为什么先分享这么一段故事？因为很多家长认为，孩子必须看完四大名著，不看完的话好像中国优秀传统文化的学习断档了一样。我们不妨思考一下，就连这"四大名著"都属于"无心插柳"的结果，那孩子少读一点其实没有什么问题。并且四大名著名声在外，版本众多，到底让孩子看哪个版本也让很多家长都犯难。尤其是《红楼梦》，有十来个版本，这该如何是好？

根据本书前文相关内容，阅读四大名著的相关版本要根据孩子的不同年龄阶段。

一二年级的时候，可以看电视、听故事，知道大概的故事情节和人物特点。

三四年级的时候，可以阅读连环画或者青少年版的四大名著，这时候从《西游记》入门最好，然后是《水浒传》和《三国演义》，《红楼梦》看孩子的个人兴趣，可以不必阅读，因为这个时候孩子不太能看懂《红楼梦》。

五六年级的时候，如果孩子之前已经对四大名著有了兴趣，并且青少版已经看完了，那可以看看原版的《西游记》《水浒传》和《三国演义》。

上了初中以后，《西游记》《水浒传》和《三国演义》三本原版都已看完，并且读下来没有什么太大障碍之后，再看《红楼梦》。这个顺序尽量不要调整，因为这是根据四大名著的难度和孩子年龄匹配的结果。

四大名著的阅读顺序

为什么要让孩子从《西游记》开始看？倒不是因为孙悟空是中

国古代文化中最具有特点的英雄形象，而是《西游记》的故事从情节来讲比较简单，富有想象力，讲述了唐僧师徒四人西天取经的故事。孩子刚开始接触中国古代文学作品，最好不要刚起步就是几十人的"群像模式"，孩子会觉得有难度。

《西游记》作为中国古代神魔小说的代表，蕴含了很多深刻道理，孩子们看了之后便于家长"一点就透"。孙悟空的勇敢和智慧，唐三藏的执着和坚持，猪八戒的狡黠和懒惰，沙和尚的沉默和朴实……都不复杂，易于孩子理解。对于孩子来说，取经故事里的法术和降妖情节是有足够吸引力的。

看完《西游记》之后为什么接着看《水浒传》？因为《水浒传》的故事要比西游记难一点，比《三国演义》简单一些。相比于《三国演义》这样含有历史真实人物的作品，《西游记》的真实人物只有唐朝去天竺18年的法师玄奘，大部分情节和人物都是经年累月古代劳动人民集体智慧想象出来的。《水浒传》里的英雄可能会有人物原型，但故事本身距离真实历史颇有一段距离。孩子在看《三国演义》的时候最好要有一点历史背景知识和自然科学知识，否则会真的以为东风是可以通过做法借来的……

孩子阅读《水浒传》基本不需要历史知识，在看完《西游记》这种用一个取经故事作为线索的单线故事之后，《水浒传》这种多人物的故事。可以阅读《水浒传》同样是以人物为中心，但是存在多个人物，高俅、史进、鲁智深、林冲、杨志，随后转到宋江等人的身上，相当于是孩子在看了孙悟空的独角戏之后，可以接触一下多个主角轮番登场的作品。并且《水浒传》中有一些谋略和战争场面的描写，这能为接下来阅读《三国演义》打打基础。

如果孩子已经熟练阅读《西游记》和《水浒传》了，这时候可以开始阅读《三国演义》的阅读。《三国演义》是我国第一部章回体小说，有历史背景，有文学加工，对很多孩子来说阅读难度比较大，特别是有些人物，不结合必要的历史知识不容易理解。当然，很多孩子也可以仅仅是"看个热闹"，看诸葛亮如何智计过人，看关云长如何义薄云天，看曹孟德如何奸雄当道等，但这些故事应该早在看连环画或者青少版的时候就掌握了，如果看原版，还是要从精读的角度去考虑。

如果前面这三本名著的原版都看过，且觉得没有阅读困难，那《红楼梦》的阅读可以提上日程。不过根据笔者这些年的工作经验，如果从功利的角度出发，以考查的频率来看，考得最多的是《西游记》，《水浒传》和《三国演义》次之，《红楼梦》不太会考查到。平心而论，《红楼梦》对于孩子们来说，深入阅读还为时过早。因此，笔者给家长的建议是，如果没有余力，《红楼梦》可以先不看。

阅读四大名著的注意事项

前文提到四大名著的阅读顺序，再分享三点关于"四大名著"的阅读注意事项。

第一点，最好孩子在看过书之后，家长能找到合适的人给孩子讲解四大名著到底好在哪里。一般来说，孩子自己看四大名著都是只看个中情节，书中写作的门道，作者的构思，人物的塑造……这四部书为什么成为"名著"，孩子们是看不出来的。

《西游记》为什么是佛祖收服了孙悟空，而不是玉皇大帝？

《水浒传》为什么要先写高俅再引出一百单八将，而不是直接写九纹龙史进？

《三国演义》里为了美化刘备，作者是怎么操作的？

……

孩子自己是看不出来这些的，如果有人讲给他们听，他们自然会再回去看看自己当初读的时候漏了什么，这样就达到了重复阅读的目的。

第二点，从文化传承和考试需要的角度看，孩子们务必要掌握四大名著里最重要的一些情节，最好做到能够复述和评论。四大名著里的很多故事已经成为中国文化的标签，如果不了解，有时候很难进行日常对话。

比如和朋友聊天，人家讲出一个"刘备摔孩子"的比喻，孩子不知道这个典故，不知道人家想表达的意思是"假慈悲"；看新闻，标题里出现"当代高衙内"，孩子得明白这是在讽刺当权者的后代作威作福。

类似这种融入民族文化血脉的内容，是需要孩子们掌握的。怎么判断孩子们掌握与否，让他们复述一下这个故事，或者评论一下情节都是很好的做法（考试也是这么考的）。

第三点，让孩子们借由阅读四大名著打好文言文阅读的基础。四大名著的原著文字很接近白话文表述，不太算古代的书面语，可是文言文的学习需要有这样桥梁性的作品。

很多孩子在学习文言文的时候，没有阅读古代文学作品的底子，因此学习起来比较费劲。文言文的语感可以通过阅读古代文学作品进行积累，这和学习外语是一样的，先进入语言环境，学习起来自然事半功倍。

还要补充一点，如果孩子实在读不进去某一本名著，也不要过于勉强，能够做到了解情节、知道人物即可。文学作品确实是"萝卜白菜，各有所爱"，写得再好的作品也会有人不欣赏。

【阅后有思考】

本节内容以四大名著为例，分享了不同版本的阅读顺序和原因，提出了三点注意事项。有一个思考题，孩子如果只喜欢看四大名著中的某一本，该怎么办？

第二十一课　精读泛读

如何让孩子学会精读和泛读

【开篇有关注】

笔者在很多场合向家长表达过一个观念，即请家长务必分清楚"阅读"和"看书"是不一样的。从表现形式上看，都是一个人捧着书在那用眼睛"扫射"文字。但是看书是偏于消遣意味的行为，而阅读不是。

阅读是有意识去通过文字、图画等载体学习知识，提升自己的素养。

因此，看书可以不用讲究方法，用眼睛就行，而阅读是要讲方法的。作为学生，如果想尽快有属于自己的学习方式和节奏，最先应该掌握的就是阅读方法。

大体说来，阅读方法可以分为精读、略读、速读和泛读等。如果想要更好地通过阅读进行提高，那还要掌握比较阅读、批注阅读等。这时候，阅读变成了孩子学习的重要手段。

对于孩子来说，最应该学会什么样的阅读方式？

有很多家长提问，怎样让孩子学会精读和细读。把这个问题换个表达方式，即如何让孩子学会在不同的场景下进行阅读？本节我们聊聊关于孩子阅读方法的问题。

学会精读

当代家庭为人父母者也大多是从小到大一路考试过来的，只要参加过语文考试，会发现有阅读类试题。阅读题从看到文字到写出答案，读一遍是肯定不行的，会考试的朋友一般会在阅读的原文上写写画画，做个标记。是的，这种一边阅读一边分析文字的方法，可以理解为精读。那问题来了，我们是什么时候，又是出于何种原因学会这种阅读方法的？

答案其实很简单，有三个原因。

第一是考试本身。作为考生，需要在规定时间完成规定的题目，题目数量和时间都是固定的。大多数人考试的时候不会只看一遍立刻写出答案，只要时间充裕便要反复看文字，补漏查缺。于是出现了一个问题：同一段文字内容反复看会比只看一遍效果更好吗？答案是肯定的。

人在获取信息的时候受到视觉和心理等因素的影响，难免会造成信息的散轶，看得次数多了，流失掉的信息会越来越少，而对于同一段文字思考的次数会越来越多。我们俗称的"马虎""做题不认真""不细致、不仔细"，都属于看得次数少，想得次数少。所以怎么解决马虎和不认真的问题？多读几遍会有改观。

第二是考试中的阅读文字是有题目需要解答的。这些题目是一个个具体的阅读任务，在考试的时候，考生有了这些任务作为驱动，会主动在原文中寻找答案。有的朋友可能会问，答案都在原文中吗？回答是肯定的，即便是需要发散的主观题也需要原文中的"引子"或"线索"，不是看了需要阅读的文字之后，通过回忆来解题，而是要根据问题到原文中寻找答案。

有了任务的指引，会更快找到需要阅读的重点段落，或者更明确的思考要点。考场上寻找阅读题答案的训练是一种特别好的阅读方法，这是任务驱动。有了目的，阅读自然会有的放矢，精确到位。

第三是考试的阅读是考试之前有老师讲方法，考试之后有答案解析的。换言之，考试中的阅读文字是有人指点的，而且是有针对性地不断修正错误方法和不当思考的指点。考试的标准要求精确阅读必须是有的放矢，不是多点开花。因为一张阅读试卷衡量不出学生的全部水平，但是可以检测哪些应该会的地方不会。对于对老师的讲解心中有数，阅读题目脑中有法的学生来说，根本不会感觉到难度，因为他们的精读已经成为习惯。反之，如果没有经过这种反复的训练，精读对于学生来说，仅仅是个概念而已。

三个方法

至此，我们总结一下，从考试中阅读题的例子引申出三个提高孩子精读能力的方法。

方法一，反复阅读。即把家长认为孩子需要精读的内容多次重复，提高孩子的记忆力加深印象，达到"书读百遍，其义自见"的效果。

方法二，任务驱动。如果精读没有任务，实际是漫无目的地进行阅读。当然，这样不是不好，只不过效率比较低。但凡是需要精读的书籍肯定有精读的部分，把这些部分用任务的方式呈现给孩子，能够促进孩子对于重点内容的感知和判断。

方法三，有人讲解。要知道，大部分需要精读的书目，或者说读书的方法都不是所有的孩子自己可以体会的，也许将来有一天能顿悟。如果有人能告诉孩子某本书该怎么看，是适合做笔记，还是要画思维导图，等等，都是需要老师或者家长的帮助的。

如果上面这三件事都很熟练了，孩子基本上已经有精读的能力。笔者的一个判断标准是，孩子在做阅读题的时候使用了什么方法，如果仅仅是看来看去，根据语感编写答案，基本上就是不会精读，相关考试分数自然也不会很高。

泛读并非泛泛而读

还有的家长朋友想了解关于"泛读"的知识。

首先，不是所有的书目孩子都要精读，一是没有必要，二是书目太多。中小学广泛涉猎式的阅读效果会更好一些。

其次，泛读也是一种能力，而且主要是信息抓取的能力，如何能够在浩如烟海的文字信息中快速找到要点，这正是泛读需要锻炼的。

因此，泛读不是泛泛地只看表面的阅读，而是为了提高效率的一种阅读方法。

泛读的基础不是孩子的视力水平，不是说裸眼视力越高的孩子看的越多越清楚越好，而是孩子是否具备看到关键词便能迅速产生联想，进而了解文字大概内容的能力。这种能力需要孩子有大量的阅读训练，在脑海中积累了一定量的文字基础以后才有用。否则，孩子的阅读只能是看了就忘，因为没有在脑子里形成固定的记忆回路。

比如说阅读报纸或者公众号推送的新闻，很多时候我们只看标题便能猜出十之八九。不是因为标题字号大、字体清晰，而是因为标题是整个信息的凝聚点，标题里的内容能给读者足够的信息，就不需要看全部新闻内容，当然，感兴趣的除外。孩子的生活经验和阅读积累远远不如成年人，因此，孩子的泛读不会一开始就像大人那样根据已有的经验推断出信息的情况。说直白一点，孩子在阅读上对于文字组合方式的条件反射还没有形成，不会一看到前一句立刻反应出下一句。所以，要孩子锻炼泛读能力的前提是，孩子已经有了一定数量的文字阅读作为基础。

如果孩子已经具备了这种基础，该怎么样提高泛读的能力？有两个建议供参考。

第一是孩子先从自己熟悉的书目开始练起。找一本书，但不要是刚读完印象深刻的书，要找一本读过之后过了一段时间自己已经进入遗忘期的书，选定某一个想要回忆的段落，然后开始阅读。阅读的时候在每一页上按照从左上到右上，再从右下到左下的方式快速看文字，有点类似于英文字母 Z 的样子，每一页翻过去，直到找到自己想要回忆的内容。

第二是用报纸进行训练。每天给孩子一段时间阅读报纸，比如说 15 分钟，随后让孩子讲讲当天的新闻，看看孩子能讲几个。因为有了时间的限制，所以孩子如果想在比较短的时间里说出更多的新闻，需要通过看标题和主要内容的方式来提高阅读效率。家长可以拿着报纸问问孩子其中他认为重要的细节或者关键点，这有点类似于早餐桌上的一种亲子互动游戏。

【阅后有思考】

本节我们从考试时阅读理解的应试技巧出发，了解了精读和泛读，分享了为何要进行精读和泛读的训练。有个思考题是，孩子如果想要精读的书不是很适合精读，该如何处理？

第二十二课　批注方法

如何让孩子学会做批注

【开篇有关注】

本节要分享的关于孩子阅读的方法是个操作性比较强的方法，对于孩子独立阅读，或者学习其他学科的知识，特别是自学能力的培养都很有用。这种方法是批注法。

成年人平时在读书的时候会用到"批注"的方法，各位家长朋友不妨仔细想想，自己在阅读的时候是怎么批注的，是不是一般都是在书上画线，旁边写上自己的想法，有的还会对自己的批注做个汇总。这都是很好的方式，可是孩子怎么从单纯看书，到学会给书目作批注？

笔者把孩子学习写批注分成三个阶段，第一个阶段叫作"补短板"，第二个阶段叫作"写对应"，第三个阶段叫作"成体系"。接下来逐一说明。

补短板

成年人阅读的基础有两个，第一个是识字量高，语言足够熟练。第二个是阅读经验多，能够形成批判思维。说白了是看得多了，知道该怎么阅读。可是这两个基础孩子都不具备，对于孩子来讲，练习写批注一开始是为了把自己读书的短板——识字量不足和经验不丰富这两点给补上。

建议家长给孩子准备好字典和词典，孩子在阅读书目的时候只要遇到不认识的字，就立刻查字典，希望家长可以让孩子把查完字典后得到的知识直接写在书上。有的家长说："啊？那书能随便往上乱写乱画吗？以后还怎么看？"家长有这样的想法我理解。笔者的建议是，有这种困扰的家长把需要让孩子练习批注的图书买两本，一本用来练习批注，另一本专门用来看。没有这种困扰的家长可以只买一本。

孩子看完一本书，在这本书上记录了不少汉字的读音，还有一些不认识词的解释。这时候有两个方法，第一个方法是让孩子把自己在这本书上记录的所有的生字和生词整理到一个本子上，即抄一遍自己在书上的笔记。这么做是为了加深印象，孩子在抄的过程中相当于又回顾了一遍书里的内容。第二个方法是家长拿孩子记录的笔记内容考考孩子，看他自学的内容掌握得如何。

一般小学阶段的孩子阅读一本纯文字的书籍不可能所有的字词都熟悉，换言之，不会通过直接阅读而明白。因此，让他们边看边查边批注到书上，是一种帮助孩子提高阅读能力的方法。

再举一个例子，如果孩子已经可以比较熟练地进行阅读了，这个时候可以不用查字典，词典往书上写。可以让孩子开始在书上把他认为写得好的句子画线标记，可以不写自己觉得好的理由，而是让孩子先画下来，然后在旁边写个"好"字，或者"有趣"。这样，一本书看下来，孩子可以抄一下自己画下来的那些金句。家长可以看看孩子对哪些句子感兴趣，甚至可以指导孩子对他自己画的句子进行分类："这些是写人的，这些是写事的，这些是写情感的，这些是讲道理的"，等等。总之这个动作完成之后，提示孩子句子为什么写得好，那肯定是有原因的。

接下来的操作方式是重复同样的行为，让孩子开始看另外一本书，接着画线做批注。但这一回的要求是让孩子围绕上一本书按照家长指导的分类去练习，也就是再给句子画线，之后让孩子在旁边写为什么画这个句子。

其实，这是在锻炼孩子写批注和分析句子的意识。家里有阅读能力比较强的孩子，可以试试这种训练方式。

写对应

如果说第一个阶段是让孩子初步知道做批注的话，第二个阶段则可以开始针对内容进行批注练习了。最好是孩子在第一个阶段已经很熟练，知道这是在干什么，这时候可以让孩子进入第二个阶段。

什么是"写对应"呢？其实就是联想和想象，让孩子在阅读的过程中，把能触动他想法的地方标记下来，然后在旁边写上自己想到了什么。这其实不难，操作起来和前一个阶段差不多，区别是不再写单纯评论性质的"好""不好""有趣"和"无聊"等。这时候，要让孩子把他阅读到的内容和以前的阅读经验或者体会相结合。

比如说孩子开始阅读《哈利·波特与魔法石》的时候，第一章会说明哈利·波特是个孤儿，脑门上有个闪电形的伤疤。这时候可以在对应的文字下面画线，把自己的想法写上，比如写上《三毛流浪记》里的三毛也是孤儿（这里是举个例子，孩子想到什么都有可能）。

这个阶段的难点是孩子还没有经过联想和想象的训练，或者说孩子是具有联想和想象能力的，只不过他们还不自知，需要外部的引导和刺激。建议家长，如果需要锻炼孩子的批注能力，在这个阶段一开始可以要求孩子每读一本书，比如说《哈利·波特与魔法石》，字数不要求太多，每一个章节至少画出两个能引起自己联想的句子，然后写上自己想到了什么，能够在脑海中找到的对应。这是激发孩子去思考的一种方式，先用最低标准要求，然后看孩子是否被激发。也许一开始孩子没有意识，但经历过两三本书的训练，孩子可以知道看书的时候要联想和想象，批注方法是他们自我思考的一种体现。

成体系

这个阶段需要孩子形成自己的批注体系，所以叫作"成体系"。

其实批注是一种比较笼统的方法，并没有人规定批注一定要怎么做。大部分写批注的学习者都是利用这种方法记录自己的想法、评论，或者好词好句之类的。要说有没有统一标准让孩子做批注，确实是没有。

学习批注的目的是让孩子学会学习，而作为一种学习方法，孩子一定要能够达到自己的学习目标，不能是为了写批注而写批注，这也是为什么最后一个阶段是"成体系"的原因。如果一开始有个体系去完全照搬，可能存在不适合孩子的情况，所以有一套能够给孩子参考的批注方式最好。很多人教孩子做课堂笔记，什么康奈尔笔记法、三色笔记法，说到底都是让孩子记笔记。而为什么记笔记，不是为了好看，而是为了记住知识和想法。

所以，批注也是这样，孩子要在学习别人的批注方法中形成自己的体系。

有几个建立批注体系的参考，提供给大家。

第一个是画线体系。即用不同的线表示不同的内容。比如画横线是觉得写得好的句子，画波浪线是觉得值得商榷的观点等，总之是用不同的线段标志不同的类别。

第二个是方框体系。即用方框或者荧光笔画出重要的名词。因为阅读和学习的时候一般是依据名词作为线索进行阅读的，所以训练孩子遇到重要名词用比较明显的方框画下来，也是很好的批注方法。

第三个是记录体系。即按照一定的规律，把某个时间段内读书中画线画框写批注的内容给记下来。这要求一开始在记录的时候不能写在页面不明显的地方，有点类似于孩子们学习修改病句时候的修改符号，修改符号除了修改之外，比较重要的一个意义是告诉别人要修改的位置。孩子在练习批注的时候要么用符号引导，要么写在页面固定的位置。时间一长，孩子就会知道该在哪里找读过的内容，该怎么样记录自己的读书想法。

【阅后有思考】

本节分享了让孩子学会做批注的三个阶段方法：补短板、写对应和成体系。有一个思考题，如果孩子搞不清笔记和批注，该怎么解决？

第二十三课　经典入门

如何让孩子进入"大部头"的阅读

【开篇有关注】

笔者曾有过在全国各地进行讲座的经历，经常会有家长朋友咨询怎么让孩子们开始阅读"大部头"的文学作品。这些"大部头"一般都是集中在中国古代四大名著，也有一些外国文学名著。通常被这种问题困扰的家长总结起来只有同一个"麻烦"，即孩子根本不愿意看"大部头"名著。的确，孩子拒绝"大部头"的作品，一般有两种原因：一种是觉得字数多，页数厚，还没看就觉得自己不行；另一种是小试牛刀但浅尝辄止，根本没有办法坚持读下去。

本节内容正是针对这两种情况，解决如何让孩子进入"大部头"书目的阅读问题。

什么是"大部头"

需要先界定一下"大部头"的作品。笔者认为对于孩子来说，字数超过 30 万字，内容和题材涉及历史或哲学等专业领域知识，孩子直接阅读有难度的书，都能算作"大部头"。其中字数是次要的，孩子不愿意阅读"大部头"，主要原因不是字数太多，因为字数多可以分拆，真正让孩子觉得难的，还是第二个原因，即读不懂的问题。

孩子对于"大部头"的作品为什么会读不懂？

答案是"大部头"的作品从创作动机、作者背景和时代因素等方面不是为孩子们设定的。人类历史上的经典作品，字数再多也会有人传颂、解读和宣传，不是因为这些书只有页数多这一个特点，而是因为这些"大部头"作品在某种程度上承载了其他更深刻、更广博的内容。比如《红楼梦》，无论哪个版本，都有清朝贵族社会的生活缩影，不能只当成宝黛钗的爱情故事看；再如《巴黎圣母院》，如果只关注艾丝美拉达和卡西莫多的故事，那本书至少有 1/3 是完全读不下去的，因为上面记录了大量关于巴黎圣母院建筑本身的内容；还比如《红岩》，这本书除了字数多一些，倒不能算是"大部头"，但这本书确实属于少有的能够反映新中国成立前国统区地下党人生活的作品。

所以，孩子看不懂"大部头"实在是正常不过。如果孩子们看懂了，要么是天才，要么是已经积累到可以理解的程度了。

还有一个原因，孩子阅读"大部头"作品是需要进行训练的，并且是一个循序渐进的过程，不可能昨天看的还是《海尔兄弟》，今天已经可以解读《肖申克的救赎》了。读"大部头"的书也是如此，字数是慢慢加上去的。笔者认为，接触第一本"大部头"的作品，外国名著不要早于六年级，中国古代文学不要早于四年级。阅读四大名著的问题前面章节已有提及，一般是先从青少版看起，然后才是原版。阅读外国名著的话问题稍微复杂一些，有的翻译的语言不是很适合孩子，所以译本如果不好，孩子也不是很能接受。

那让孩子正确进入"大部头"阅读的方式是什么？

第一本很重要

孩子写作也好，阅读也好，如果作为一项技能的话大多数人都具备，但是如果落实到考试上，或者比赛上，则必须存在或设计一个规则和方式。

如果孩子要练跑步，那他怎么才能跑马拉松？理论上，孩子是具有跑马拉松的能力的，但是如果练习不当，头一次跑马拉松在5公里处放弃了，孩子下次是否愿意跑马拉松便成了一个问题。同样，阅读"大部头"的书也是这个道理，读第一本"大部头"作品的过程和情形，会影响孩子是否愿意继续阅读同类别的作品。

当然，这里探讨的是孩子已经具备了阅读"大部头"作品的基本能力，比如识字量，比如专注度等。家长要做的则是引导孩子独立正常完成一本超过30万字作品的阅读。

言归正传，这第一本书要怎么选？其实标准很简单，只有两个，第一个是情节精彩，引人入胜，第二个是大家之作，足够经典。

为什么是这两个标准？一是为了让孩子即便遇到障碍，也会因为情节引人入胜而继续阅读，二是因为经典作品的"品牌效应"会消解一部分孩子读不下去的情绪。孩子在读的时候会想到，这是一部这么经典的作品，无论如何都要读完，否则问题会出现在自己身上。

基于上述考虑，建议家长精心准备好这第一本"大部头"，让孩子有个不错的起步。随后，以这一本书为起点，慢慢绘制孩子阅读"大部头"的阅读地图。这样，孩子的阅读体验会更顺畅一些。

举一个例子。

如果是外国文学作品，笔者比较推荐从《基督山伯爵》开始。笔者在和很多朋友的交流中发现，大家对这本书的评价都很高，认为这是引领自己进入外国文学的一块敲门砖。一如笔者个人的经历，在初中的时候，同学们都在看武侠小说。但是笔者的阅读速度比较快，等武侠小说的库存没有了的时候，开始阅读起这本名字很有武侠风格的《基督山伯爵》。这一看不要紧，笔者为自己打开了进入外国文学的一扇门。一直到笔者后来从事语文教学，也很喜欢用《基督山伯爵》的例子告诉同学们"等待"和"希望"的含义。

看完《基督山伯爵》之后呢？可以根据作者向外延展，大仲马的作品除了《基督山伯爵》之外，还有《三个火枪手》也很好看。大仲马是19世纪的法国作家，同期的还有儒勒·凡尔纳等。这样一来，因为一条线，可以给孩子找出一些有联系的枝干，让孩子慢慢编织属于他自己的阅读轨迹。

有助攻很重要

这个建议是想告诉各位家长，"大部头"作品孩子即使看了，多半也不会有很深刻的理解，因此需要有一些外在的辅助。一方面能更好地引起孩子的兴趣，另一方面是教会孩子怎么理解"大部头"。

笔者曾经给孩子们讲过诸多字数比较多的作品，在和孩子交流的过程中发现，并不是经典作品，或者说"大部头"本身不能吸引孩子，而是我们切入的角度不对。比如把老舍先生的《骆驼祥子》比喻成民国时期的一个网约车司机，很多同学会觉得非常生动；给同学们讲《水浒传》的时候，用林冲见柴进这一章出现的数字算算柴进有多少钱，等等。这些阅读方法不算什么学术成果，但是对于孩子们来说，这是和他们的生活更接近的方式，还因为这些至少能证明祥子的职业和柴进的人设。有了这个指引方向之后，孩子们再看《骆驼祥子》和《水浒传》的部分章节，则会产生兴趣了。

同样，前文也有提及，"大部头"是因为还有除了文学以外的意义，不仅仅是故事。那么如果没有人去指导孩子看，指望着孩子能一边看书一边自学成才，难度真是太大了。

以笔者个人为例，真正读懂四大名著要感谢两个人，一个是金圣叹，他解读的《水浒传》，让我知道原来梁山好汉的故事还能这么读。另一个是刘心武老师，有一次在百家讲坛听他解读完《红楼梦》之后，我又拿出书来看了一遍，因为发现和之前自己对于《红楼梦》的理解是不一样的。

孩子和大人在人性上都是共通的，能够在熟悉的地方找到新鲜，那才是最有价值的。而所有的"大部头"，换句话说，孩子们不喜欢读的经典，并不是因为经典本身不行，而是因为阅读门路没有找对。虽然说条条大路通罗马，但如果因为走的弯路太多，以至于放弃，那罗马再好也无济于事。

【阅后有思考】

本节和各位家长分享了孩子对"大部头"作品读不进去的原因和两个解决建议。有个思考题是，孩子如果只愿意听"大部头"作品的解读，不想看原著，那怎么解决？

第二十四课　国学读物

如何让孩子阅读"四书五经"类的作品

【开篇有关注】

在收到的家长提问中，有一类是笔者觉得最难回答的，即"孩子该不该学习国学"，以及"孩子该怎么学习国学"的问题。笔者能理解很多家长看到当前的社会发展及教育需求，认可当代中国人向古人取经的心态。这是否意味着孩子应该把"四书五经"作为学习重点？如果要学，该从何下手？本节将探讨孩子阅读国学经典的问题，如何让孩子阅读"四书五经"。

先尝试接触

"四书五经"，是"四书"和"五经"的合称，记录了我国早期思想、文化、军事、外交等方面，主要是儒家思想的有关内容。四书是《大学》《论语》《孟子》《中庸》，五经是《诗经》《尚书》《礼记》《周易》《春秋》。

"四书五经"中，"五经"的叫法比较早，汉朝时期已经出现；"四书"的叫法是宋朝时期出现的。

古时候，孩子差不多 4 岁开始蒙学，随着年龄的增长，学习"四书五经"是必需的，因为科举考试要考。平心而论，中国古代人和当代人的生活是完全不一样的，即便内在的品格养成和道德追求有一致的地方，可随着时代的发展，孩子能阅读、能学习的内容实在太多，时间又有限，所以应该理解当代家长朋友们的困惑。中国古代人的智慧，该怎么样流传下去，特别是对于孩子人格的塑造，不让孩子阅读"四书五经"是不是会少点什么？

如果有家长向笔者提出这种问题，我都会先让家长冷静一下，随后问家长几个关于"国学"的问题。比如说家长是否读过《论语》，《诗经》里的"国风"是什么意思等。要是家长能够比较顺畅回答出来一些基本的问题，对国学等内容的理解不是跟风，那笔者会和家长继续讨论，孩子该怎么样接触国学。

但如果家长只是因为感觉孩子需要学习"四书五经"，而自己完全不去了解也没空去了解的话，那笔者会建议让孩子在学校里跟着老师好好学习就好，千万不要自己跟风学习。因为以"四书"为代表的儒学经典作品中，有很多内容是关于人自身的修养和品格塑造，不是一般意义上的文学作品，因此孩子们所需要的"四书五经"的内容，其实是其中能够帮助孩子理解自身修养问题的行为指南。再解释一句，孩子学习其中的内容，很大一部分是要作用到自己的实际生活中的。比如，《论语》里孔子说"有朋自远方来，不亦乐乎"，不是让孩子把这句话背下来就万事大吉了，而是说家里真来了客人的时候，需要知道待客之道是什么。如果孩子学了"有朋自远方来，不亦乐乎"，但是家里面大人不喜欢有人来做客，那孩子怎么理解这句话？再举个例子，《论语》里说"三人行，必有我师"，这是告诉我们要以谦虚的态度对待身边的每一个人。但如果家里的氛围是有人有非常强的精英意识，那孩子学《论语》里的道理，其实用不上，甚至是让孩子糊涂的。

家长朋友想让孩子了解国学，入门"四书五经"等内容，最好是自己相信并且有所积淀，如果单纯是为了学而学，效果很可能适得其反。

有选择，有目的，结合文言文

再来回答第二个问题，如果孩子真的要开始阅读"四书五经"，该怎么做。

笔者概括为三句话，第一句话"有选择地背"，第二句话"有目的地用"，第三句话"结合文言文去学"。

首先，有选择地背。"四书五经"里的内容，单纯阅读没有特别大的意义。孩子阅读难度不小，小学生自己看"四书五经"，即便是有翻译成白话文的，也和阅读天书差不多。所以只让孩子阅读是不行的，需要让孩子一字不差地背下来。但是要有选择地背，不要什么都背。"四书五经"内容对于孩子来说是零散的体系，内在不追求统一，所以把它们当成经典语录，"择其善者而从之"比较好。选那些孩子能用上的背诵就可以，即便不理解也没有关系，孩子以后会理解的。那该怎么选择？很简单，先从朗朗上口的名句开始，等孩子比较熟悉之后再进入讲解的环节。

其次，有目的地用。前文已述，"四书五经"的内容如果不在日常生活中实际应用，那对于孩子来说，可能会起到反作用。孩子如果开始学习"四书五经"内容，要在就生活中使用上。除了前面提到的行为上的一致，还可以让孩子在写作文的时候多使用"四书五经"里的句子以加深理解。比如，孩子今天学习了《诗经》里的某一首诗，那看看能不能创设一个情景，让孩子在写作文的时候使用上。学了《蒹葭》，孩子会背"蒹葭苍苍，白露为霜，所谓伊人，在水一方"，不妨找个机会带孩子去野外露营，清晨的时候早点起来，看着河边的植被与白色的雾气，然后让孩子想想《诗经》里的哪一句符合眼前的景象。这时候，孩子自然会对古人的诗歌内容、语言习惯有所了解。

最后，结合文言文去学。在文言文学习中，"四书五经"是比较难的内容。一是年代久远，二是故事情节往往比较简略。没有文言文基础的孩子直接进行阅读，不亚于给一个英语词汇量不足的孩子一本原版英文哲学著作，我建议"四书五经"的学习要以文言文阅读为基础。在阅读"四书五经"（注意，这里我说的是阅读，不是背诵）时，孩子要理解其中的意思，那最好提前把文言文阅读的基础打牢，或者是有老师能够带着孩子去学习。总之，阅读"四书五经"和阅读一本故事书的差别实在不小，如果只是阅读翻译后的白话文，或多或少会失去阅读文言文的乐趣。各位朋友可以让孩子先有选择地背，然后有目的地用，最后结合文言文去学。

第三个问题，笔者要分享阅读"四书五经"的误区，帮大家躲过一些"坑"。

一是不要盲目相信社会上的国学补习班。特别是讲解的内容过于"玄奇"，带孩子背《论语》、读《诗经》、讲讲《大学》都是对孩子有帮助的，但是带着孩子学习周易算卦，并不是对孩子最好的国学教育。如果某天家长想带孩子去学习，孩子拿出一两个铜钱一算，告诉家长今天诸事不宜，不要出行，家长的心情可想而知。由此推理，对中国古代文化的糟粕，家长也要擦亮眼睛，不是贴上了国学标签就都是国学，有的其实是伪科学。

二是"四书五经"的文言文晦涩难懂，生字量很大。孩子要阅读的话一定要结合工具书，不要遇到生字就跳过。最好是能够自己查、自己记，不过这样会比较枯燥，孩子一般没有这样的耐心去阅读书籍。如果孩子，特别是小学生对于阅读"四书五经"比较抵触，也请家长理解，不要强迫孩子。

三是阅读"四书五经"建议从《论语》和部分《诗经》的篇目开始。因为《论语》是语录体的散文，可以理解为孔子当年发的微博和朋友圈；《诗经》是文学作品，有天然的语言节奏韵律，孩子容易成诵。但也不是要《论语》和《诗经》一锅端，全都想让孩子掌握，因为这两部的内涵十分广阔。

【阅后有思考】

本节讨论了关于孩子阅读"四书五经"的话题，从什么样的孩子适合阅读"四书五经"开始讲起，谈到了读"四书五经"的三个方法，并提出了应该注意的三个误区。我们不妨再思考一下，孩子如果问你什么是"中庸之道"，为什么要学习中庸之道？作为家长，你该怎么回答？

第二十五课　反复阅读

如何让孩子避免重复阅读的"陷阱"

【开篇有关注】

有句古语叫"书读百遍，其义自见"。我们可以这样理解这句话：对于一本很难的书来说，读的次数多了，自然会理解其中的含义。如果看过鲁迅先生的文章，会知道他小的时候，被私塾里的先生拎起来反复背诵同样的内容，鲁迅先生尝试问问书中的内容是什么意思，先生并不会直接向他解释，反而让他自己去体会。

按照这种教育方法，有没有孩子经过反复背诵就理解了经典作品中的含义？肯定有，但有多少是说不清楚的。

还有一句俗语叫"熟读唐诗三百首，不会吟诗也会诌"。意思是"唐诗三百首"如果背得非常熟练，那自然会写诗，即便是写的诗不怎么好，但看上去是有那个样子的。用笔者的话说，这是理解了现代汉语中押韵是每句诗最后一个字的韵母相同或相似的规律了。从形式上说，确实是完成了一首诗。但结果也显而易见，没有系统学习过，光靠感悟和天分，写的未必是好诗。这种现象古人也发现了，方仲永的故事说的正是这个道理。

本节内容和上述两个例子有关系，题目是避免重复阅读的"陷阱"，希望能够帮助到有这样困扰的家长朋友们。

147

场景再现

孩子为什么总是喜欢重复阅读？有这种疑问和困惑的家长，一般分两种情况：

第一种是孩子年龄小，还在学龄前，或者一二年级，需要家长给孩子读书。孩子如果有了喜好，会反复要求家长给自己朗读，或者讲述同一个作品，如某个绘本，或是某个故事等。孩子每次听得都很开心，但家长可能已经厌倦了，口干舌燥不说，还觉得自己读的东西没有什么营养，认为孩子的兴趣点很奇怪。

第二种是孩子已经具备了独立阅读的能力，家长发现孩子反复阅读同一本书。有的家长咨询笔者称自己的孩子反反复复看"哈利·波特"系列作品，或者"查理九世"等图书，对于其他书目，特别是新的书目没有兴趣，家长不知如何是好，颇为苦恼。

上面这两种情况确实是孩子阅读过程中有可能出现的问题，但问题的出现和解决的方式是不同的。家长朋友一定要区分清楚自己孩子读书问题的成因，对症下药，才能解决问题。

要先强调的一点是，重复阅读是一种有效提高学习效率的方法，并不是只要孩子重复看同样的内容就会出问题。很多经典读物其实是需要反复阅读、经常思考的，正如《朗读手册》这套书的作者所言："就像成人不可能在一夜之间记住所有新邻居和新同事的名字一样，孩子也需要反复温习才能达到记忆的结果。"《论语》里也说"温故而知新，可以为师矣"。所以，重复读书这件事，不一定是坏事。

存在问题的重复阅读，具体来说是孩子在短时间内，连续重复阅读同样东西的情况。

前文已述，很多孩子阅读的时候是在追求重复阅读同样文字带来的快感，好像看电影大片的时候只看后面的大作战、大场面，听流行音乐的时候只重复播放副歌部分等。这种情况实际上是孩子对书已经有了一定了解，他是在重复自己感兴趣的部分，虽然没有什么不对，但确实帮助不大。

学龄前

下面先针对学龄前反复要求家长读同一本书的情况提出两点建议，供家长参考。

首先，年龄不大的孩子接受信息不像成年人，他们是需要通过重复来进行强化记忆的。这个记忆本身既可以是他们自发的行为，也可以是家长强制进行的行为。不知道有这种困扰的家长会不会发现，自己有时候读着读着，孩子可能情绪会变化，本来笑嘻嘻的，突然注意力集中起来，有时候听到一个什么词，会跟着出现肢体动作。是的，这就是孩子在把书中内容嵌入自己的知识储备的过程，是孩子们在进行记忆。

但是单纯输入是大脑的单向存储，如果记忆是一条通道，那最好的熟悉道路的方式是来回走，而不是只进不出。针对有这种情况的家长，可以试着让孩子把听过好多遍的内容重复出来，自己讲出来。家长讲一遍，让孩子试着复述一遍，一次讲不完整不要紧，可以慢慢来，总之，这时候的目的不是重复让孩子听故事，而要转化成孩子自己的语言表达和记忆再现。比如，可以只读故事的前半部分，把后半部分留给孩子，或者中间漏掉几个情节，看孩子能不能及时补上。

其次，给孩子创设一个读书"套餐"，即要利用孩子渴望获得重复阅读的收听机会，不妨在阅读孩子想听的内容前，先阅读其他的东西。好像孩子喜欢吃冰淇淋巧克力，不要直接给他吃，可以先给他吃蔬菜或杂粮，然后再吃冰淇淋巧克力。同样，孩子如果喜欢听读某本家长觉得没有营养的书，那也别觉得烦，可以先给孩子读读家长认为有营养的内容，然后再读孩子自己想听的内容。

其实孩子喜欢重复听一个故事是非常正常的，因为这时候他们的学习方式只有重复，很多情况下更需要的是家长的耐心和引导。

独立阅读之后

再来谈谈孩子们具备独立阅读能力之后，短时间反复阅读同一本书的情况。

很多家长会以成年人的眼光看，觉得孩子这样阅读没有什么营养，还浪费了时间。我也相信，孩子重复阅读的多半不是什么特别经典的文学作品，没听说过哪个孩子没事捧着《论语》和《道德经》翻来覆去阅读。一般出现这种情况，都是阅读小说等文学作品，特别是奇幻、魔幻、科幻、玄幻，总之带着个"幻"字的文学作品。

这里也有两个解决方法提供给各位家长。

第一个方法是制作"阅读地图"。阅读地图是从一本书指向另一本书，另一本书指向下一本书的路线图。比如，有家长说孩子反复阅读"哈利·波特"系列故事该怎么办。不要紧，请家长接下来给孩子买一套英国作家 C. S. 刘易斯的《纳尼亚传奇》，告诉孩子"哈利·波特"系列故事的作者 J. K. 罗琳是从这套书中汲取了灵感。让孩子阅读《纳尼亚传奇》，在阅读之后说说这两套书的异同点。如果孩子能接受《纳尼亚传奇》，下一部书可以试试托尔金的"魔戒"系列故事。

当然，大部分小学生是走不到这个阶段的。这时候，家长可以让孩子开始阅读"珀西·杰克逊"系列作品。"珀西·杰克逊"系列在西方世界是仅次于"哈利·波特"的奇幻作品。还有"暮光之城"系列，但"珀西·杰克逊"系列可以让孩子从奇幻作品迁移到西方神话故事，特别是希腊神话故事里。因为这套书的背景正是神话故事。读了希腊神话故事，下一步可以读读中国的神话故事，而中国的神话故事就是对孩子成长，或者民族文化传统有大用的内容了。这样，我们就用阅读地图，帮孩子从"哈利·波特"迁移到了中国神话故事。

孩子们都喜欢神话故事，随后还可以让孩子进行对比，说说有什么异同。此时会发现，可供选择阅读的书有很多，只不过家长可能不知道。另外，因为有些书没看过，所以也不能建立起相关的联系，如果有了联系，孩子不会只追求同一本书的阅读快感，而会发现读很多书比只读一本书有乐趣。

第二个方法相对没有这么复杂，但是需要家长配合，是家长和孩子就同一本书进行讨论。这可以分成两个层次。第一层是家长没看过这本书，但是看孩子总看这本书，觉得很有意思，不妨让孩子给家长讲讲，家长可以不断就情节、人物等方面提出各种问题，促使孩子去思考回答；第二层是家长自己看过这本书，但是要和孩子"唱唱反调"，针对一个观点和孩子进行讨论。比如，我曾经和一个孩子讨论"哈利·波特"的时候，故意说书里面最可怜的孩子不是哈利·波特，而是伏地魔，然后和孩子展开交锋。这样的目的是带着孩子把某一本书的思考引向深入。

相比之下，更推荐前种方法，一是不需要家长看书和思考，二是还能提高孩子的表达能力和记忆力。

【阅后有思考】

本节希望家长朋友参与思考的问题是，如果孩子已经有了"阅读地图"，请问如何帮助孩子从中国神话故事迁移到中国古代文学作品上呢？

第二十六课　阅读地图

如何帮助孩子制作"阅读地图"

【开篇有关注】

每个家长都希望孩子能够自己养成读书习惯，建立自己的读书体系。本节我们将从一个前文提到过的方法谈起——阅读地图。

下文将从阅读地图的作用、绘制方法和如何使用三个方面告诉家长朋友们，如何帮助孩子画出属于自己的阅读地图。

阅读地图的作用

所谓阅读地图，其实是一种可视化的孩子读的书目的路线图，地理上的地图有哪种作用，阅读地图也可以具有这种作用。阅读地图能够帮助孩子找到阅读方向：将要读什么书和已经读了什么书。阅读地图的简单形象化展示，就是一张排满书目名称、书目之间可以通过表示关系的线连接的图。

类比地图，可以知道阅读地图的作用至少有三个。

第一个是指示作用。指引孩子看完每本书之后再去阅读什么书。

第二个是体系作用。很多孩子阅读的书相对孤立，一本书只是一本书，书目之间彼此没有特殊的联系，孩子也不知道该如何建立联系。但任何一个学科的知识内部都是有体系的，用阅读地图的方式呈现可以帮助孩子建立自己的知识体系，把相关联的书放在一起。

第三个是模拟作用。阅读地图其实是把不同书目按照特定的方式组合在一起，内在逻辑是模拟了不同书目之间的某一种联系。孩子多次使用阅读地图，会在脑海中模拟出不同书目之间的联系。

比如孩子书架上有两本书，一本是《山海经》，另一本是《神奇动物在哪里》。表面上这两本书都是介绍想象出来的人类文化中的"神兽"，实际上这两本书可以在阅读地图上放在同样的工具书类别。可以把看这两本书当成寻找想象中动物的"字典"，如果孩子没有把这两本书在同一张图同样的位置用有关联的线联系起来，要么需要有人告诉孩子它们之间的联系，要么只能靠孩子去自己体会了。

阅读地图的作用还有很多，在此不一一列举。总结一下，阅读地图其实是孩子读书的一张思维导图。我们不需要孩子画出特别酷炫的包含书目信息的关系图，而是希望孩子经由这种方式建立起自己的读书资源库。

如何绘制阅读地图

如果有看过英剧《神探夏洛克》的朋友可能知道，剧中提到一个概念叫"记忆宫殿"，意思是在脑海中虚拟出一个拜访信息的宫殿，找任何信息只要有门路和路径即可找到。现在有很多人都在研究开发孩子的大脑，提高记忆力是其中很重要的一个研究方向。

而如何提高记忆力？通过可视化的方法能够提高。比如孩子学习勾股定理的时候，老师不是只用公式推导，而是要在一个直角三角形中完成讲授。通过图像和文字的结合方式，确实能够帮助孩子记忆。

孩子阅读的书目大多是以文字形式呈现的，而不同书目的关系并没有文字说明，这时候如果能绘制出阅读地图，对于孩子来说事半功倍。

阅读地图该如何绘制？如果孩子学习过思维导图，就可以用思维导图的方法绘制。没有学过也不要紧，下面分享一个方法，帮助孩子掌握绘制阅读地图的技巧。

先找到一张白纸，在白纸中间写上某本书的名字。比如孩子可能喜欢看《狼王梦》，那我们写下"《狼王梦》"，然后在下面写上三点基础信息，比如作者沈石溪，题材是动物小说，类别是儿童文学。

然后，从第一个信息沈石溪开始，向外画一条线。因为沈石溪有很多动物小说作品，我们可以顺着作家这条线延展，延展到一定距离之后写下同一位作者的另外一本书，比如沈石溪的《羚羊飞渡》，然后在《羚羊飞渡》下面继续写三点基础信息，作者、题材和类别。

接着，可以从《狼王梦》的第二点基础信息向外延展。动物小说除了沈石溪的作品还有其他作家的作品，比如加拿大的《西顿动物故事集》，然后再写上基础信息。要注意的是，"基础信息"可以根据具体的需要去变更，比如沈石溪的动物小说相对篇幅比较长，可以写长篇小说作为类别，而《西顿动物故事集》篇幅相对比较短，可以写上短篇小说等。

将上面的方法延展到多本图书，把一张白纸试着填满，我们已经有了大概的思路。顺着不同书目的区别不断向外延展，要不了多久，这张白纸上的笔迹会形成一个网络。

当然，这是比较简单的一种画法。即便是这样，有时候很多书也没有办法建立起联系。这也不要紧，可以把没有联系的书先记下来，放在图上比较远的位置。等找到某一种线索，或者某一本能够关联起来的书之后，再画线就可以了。

如何使用阅读地图

一般来说，小学阶段的孩子仅仅依靠自己绘制阅读地图是相对困难的，多半要靠家长帮忙。家长帮忙绘制完阅读地图之后，笔者有三个建议。

第一个建议是按照阅读地图的某种思路开始看书。好比我们手里拿着一个城市地图一样，不能因为这个城市景区很多就都要去，我们每次只能选择一条道路去探索。阅读地图也是一样，按照前一小节的设计，每一本书至少会有三条向外延展的线，最好每次选择一条线看下去，一直到那条线到了尽头再重新开始。这样，每次阅读都会像地图上的路标一样，不断往前探索。不要今天某一条线还没有走完，马上开始重新走另一条线，原有的体系会被打乱，这种混乱的做法还不如不按照地图来。

第二个建议是每次读完书都要在地图上做个对应的标记。可以把绘制好的阅读地图挂在墙上，或者铺在一个不怎么用的桌子上，孩子每看完一本书，在上面画一个对应的小旗子等。总之，是要做一个对应的标记，让孩子知道某一条地图上的路自己走过了，这条路在阅读地图上的什么位置。等到所有书目都插满，这一张地图上的风景孩子也就都领略过了，可以换另一张阅读地图了。

　　第三个建议是配合阅读计划和读书笔记来使用阅读地图。本书提到过阅读计划，也提到了读书笔记等内容，所有这些方法都不是孤立存在的，最好是能配合使用。家长可以想象出这样一个孩子读书的场景：一个读书的角落，或者书桌，孩子抬头可以看到一张图和一张表，图是阅读地图，表是读书计划表。书桌上是一本书和一本笔记本，书是孩子在读的书，笔记本是孩子做笔记的本子。孩子手里拿着笔，一边读书，一边记录，每天完成阅读任务之后在阅读计划上做标记，每本书读完之后在阅读地图上做标记。

【阅后有思考】

　　阅读地图是孩子读书的一种辅助工具，本节从它的作用、绘制方法和使用建议三个角度进行了分享。不妨思考一下，在阅读地图上，如果画出来的书目都是孩子已经读过的书目，那该如何解决？

第二十七课　从读到写

如何让孩子读书之后愿意表达出来

【开篇有关注】

　　家长朋友都知道，孩子如果想要学好一门外语，需要具备"听、说、读、写"四种最基本的能力。在这四种能力之中，"听"和"读"是信息的输入，"说"和"写"是信息的输出。孩子们在学校里听老师讲课，是在"听"；孩子们进行自我阅读，这是在"读"；孩子们平时的语言表达是"说"；孩子们平时的文字表达是"写"。其中，家长希望孩子能够通过阅读提高文字表达能力，希望孩子愿意把自己读到的东西写出来。本节将探讨如何让孩子从读到写，让孩子阅读之后愿意写出来。

　　解答上述问题，笔者将从下面三个方面展开，一是孩子为什么不愿意写，原因到底是什么；二是家长该如何帮助孩子培养从读到写的能力；三是如何帮助孩子建立正确的表达基准线。

孩子为何不愿意书面表达

　　阅读和写作之间没有必然的联系，并不是一个人喜欢阅读，读得多了就自然而然愿意写作，而且写得好。实际上存在下列各种情况：一是喜欢阅读不喜欢写作，二是不喜欢阅读喜欢写作，三是既喜欢阅读又喜欢写作，四是既不喜欢阅读又不喜欢写作。所以，家长千万不要以为孩子开始读书了，写作能力的提高是"早晚的事儿"。如果孩子有天赋，那也是在早期表现出来的，否则等到后半辈子，孩子写作能力的天赋也看不出来。

孩子不愿意写出来有下面两种表现：第一种是孩子压根不喜欢用文字表达，和他读不读书没关系。第二种是孩子读了书，但是没有建立起把自己的"输入"转换成"输出"的机制，因为不得其法，所以读了之后写不出来。

写作和唱歌跳舞是一样的，是人类表达情感的一种方式。有的人五音不全，有的人肢体不协调，还有的人文字表达不好，这都可以理解。实际上除非没有情感的人，否则或多或少都会有写作的欲望。只要是欲望便会寻找表达的途径，唱歌是用音符和声音来表达，跳舞是用肢体动作来表达，而写作是用文字来表达。即便是在原始的人类部落，这些表达形式也都是存在的。所以刚才说的第一种情况其实是很少的，大部分孩子是不知道要用文字表达，不会用文字表达。

从这个角度来说，家长可以类比音乐和舞蹈来观察孩子的写作。孩子是怎么学会唱歌的？跟着别人的调子唱出来的，或者家长教着学出来的。孩子是怎么学会跳舞的？随着电视里别人的动作跳出来的，或者老师带着舞出来的。回到写作上，没有人教，孩子怎么可能天生就会？他们天生有这个能力，并不代表有这个能力就一定会表达出来。因此从孩子的角度看，不是孩子不愿意表达，很有可能是他们根本不会表达。

当然，有的孩子的确是意愿的问题，可是意愿总有个形成过程。

有的人不愿意唱歌，可能是因为自己五音不全，不愿意跳舞是因为自己身体不协调，等等。孩子因为觉得自己写得不好而不愿意写，这说明孩子的审美能力超过了他的表达能力，他已经能够判断自己的水平了。

如何帮助孩子锻炼从读到写的能力

孩子从输入到输出的能力，是有难易之分的，听要比读容易，说要比写容易。如果孩子不愿意写，先看看孩子是不是愿意说。如果一个孩子很愿意说，愿意进行语言表达，这个时候进行书面表达会更容易一些。很多孩子喜欢说，喜欢语言表达，通常都是因为所处的环境更适合，试想一下，如果孩子平时在家里见到的都是父母沉默寡言，爸爸打游戏，妈妈刷手机，互相不交流，家长能指望孩子自己口若悬河舌灿莲花么？

孩子的表达一开始是父母引导的，甚至是鼓励出来的。说话比写作简单，很多家长觉得自己孩子说话没问题，只有写作有问题。其实不然，孩子的写作，家长会交流、指导，甚至是鼓励吗？

孩子上中学之前，同龄人之间表达能力的差异已经很大了。这里更多的是家庭教育的问题，因为学校里老师都一样，但一个班里的学生总有喜欢表达和拒绝表达的，因此这个问题的根源在家庭内部。

这里分享三条培养孩子从读到写能力的建议。

第一条是建议孩子记录自己每天说得好的话。即孩子如果突然说出一两句很不错的话，无论是从哪里听来的、看来的，让孩子马上写下来，然后赶紧鼓励孩子、夸奖孩子，让孩子知道写东西是很有成就感的事。而且要鼓励孩子有自己的看法，让他愿意去想问题、思考事情。

第二条是建议让孩子练练字，无论是硬笔书法，还是软笔书法，如果孩子字写得不错，至少他自己写出来的东西谁都喜欢看。尤其是孩子平时阅读积累的好词好句，字迹工整地抄写下来，让孩子定期查看，孩子会对写字这件事不再抵触。

第三条是建议教会孩子仿写。模仿是学习的基础，很多孩子不愿意写是不知道该怎么写。这很简单，教孩子从学别人是怎么写的开始。这需要家长多下功夫，对于模仿的对象是什么，该怎么模仿也是个大工程。如果家长不清楚该怎么操作，不如干脆让孩子参与一些语言表达或者写作训练班。

如何帮助孩子建立表达基准线

什么是孩子表达的基准线？即孩子读书之后写到什么水平算是达到标准。很多孩子不是读书之后不愿意写，而是家长觉得孩子写得不好，所以总希望孩子读书之后自己能无师自通。前文已述，孩子如果不是天才的话，从读到写仅凭一己之力打通确实是低概率事件。

所以需要一条孩子表达的基准线，这条基准线主要还是培养孩子的表达意愿。

孩子的意愿是会不会主动去写。这里分两种情况，一种情况是孩子的意愿特别强烈，没事就愿意尝试写出各种内容。这样的孩子不需要激发，因为家长控制不住孩子表达的欲望。需要告诉孩子的是他们表达的边界在哪里，不要越界，在界限内部可以让孩子的写作自由生长。

另一种情况是孩子的意愿不是那么强烈，但是如果鼓励或者设置规则，孩子还是愿意写的。对这种情况建议采用鼓励的方式，以表扬为主，无论孩子写成什么样，都让他觉得写作是一个表达的出口，不要压抑甚至打击孩子的意愿。

如果孩子没有意愿，那文字表达肯定是在"基准线"以下。这时候家长最好从语言表达开始激发，先让孩子愿意说，或者让孩子感到"说"有成就感了，再考虑写的问题。

因此，孩子建立文字表达的基准线，就是要培养孩子是否能够经由激发而完成写作的过程。如果能做到，那孩子从读到写的能力会慢慢提高。

【阅后有思考】

本节探讨了孩子从读书到写作意愿的问题，包括孩子为什么不愿意写，家长该如何帮助孩子锻炼从读到写和帮助孩子建立正确的表达基准线三个方面。家长朋友不妨思考一下，孩子如果喜欢说，也说得很好，可是一到写就不行了，该如何处理？

第二十八课 阅读计划

如何让孩子自己制订阅读和学习计划

【开篇有关注】

笔者曾经在全国不少地方作过校园里读书、学习的讲座，在线上的讲座也有很多。一般在和家长及同学们互动的时候，会向家长朋友提一个问题，对于孩子读书，家长有什么期待？一般家长都表示，希望孩子能够变成一个爱读书的人。接着笔者会提出第二个问题，即家长为了孩子变成爱读书的人做了哪些事？有的家长说会带着孩子买书，给孩子布置读书的空间等。笔者继续提问："然后做什么？"很多家长到这一步就开始困惑了，意思是已经为孩子读书做了这么多事，怎么接下来看书还有自己的事？

如果家长真的希望孩子成为一个热爱读书会思考的人，那在给孩子买了书、创设了阅读环境之后，接下来就要帮助孩子养成阅读的习惯。阅读习惯是怎么养成的？其中最重要的一个方法，是给孩子制订阅读计划，并且要求按照计划去执行。

所有技巧性的阅读方式都不如水滴石穿式地每天参与到阅读这件事上来，孩子本身不会一开始就具备制订阅读计划和学习计划的能力，本节的内容是如何让孩子制订阅读和学习计划。

阅读计划

要明确的一点是，做事有计划比没有计划好。虽然阅读这件事是属于个人的事，因人而异的成分比较大，但是对于孩子来说，学会列计划并去执行，是一门非常重要的学问。

凡事预则立，不预则废。这个"预"是提前做计划，于成年人来说这些道理都懂，而孩子的这个习惯是需要一点点培养起来的。各位家长在带孩子制订阅读计划的时候可以分成三个阶段，第一个阶段是家长制订计划；第二个阶段是家长和孩子共同制订计划，以家长为主；第三个阶段是以孩子为主制订计划。每个阶段的周期视阅读内容的多少和孩子的掌握情况而定。如果孩子有了独立阅读的能力，就让他们直接拟订计划，家长查看就好，未必非要从第一个阶段开始。

建议各位家长带孩子制订读书计划分六个步骤。分别是测量水平、制定目标、阅读排序、分配时间、落实反馈和检查调整。下文将逐一说明。

从"测量水平"到"分配时间"

步骤一是测量水平。顾名思义，是了解孩子当前的阅读状况，具体包含两个方面，第一是阅读速度，第二是阅读内容。根据之前提到过的孩子阅读的不同阶段，以及在这些阶段建议阅读的书籍，家长可以带孩子做一个简单的统计，最主要的指标是孩子阅读的速度，比如几天能看完一本书，这是一个基础数据。到了阅读后期，希望这个指标会高于初期。

步骤二是制定目标。对所有的计划，目标和执行力是两个最重要的维度，而这两项中，目标是不是合理也是关键要素。家长给孩子制订阅读计划一定要想好目标。如果是希望孩子养成读书习惯的话，那么这个目标是要具体到每天完成多长时间的阅读和多长时间看完多少本书。这个目标比较直观，类似一个进度条，目标是等待进度条走完。建议家长一开始以每天阅读固定的时间作为目标。一般来说，孩子的注意力集中的时间是每次 25～30 分钟，可以暂时以这个数字作为基础，希望孩子一开始每天阅读书的时间是 30 分钟，两个月之后能够提高到 40 分钟。

其他的目标，比如看书的种类、阅读后的笔记等，都需要以这个习惯的养成作为基础。如果孩子没有养成自己读书的习惯，那之后所有提高性训练都是空谈。

步骤三是阅读排序。在有了阅读目标之后，家长需要把这个周期里所有需要孩子读的书准备好。一般来说，10～15 本是个合理的区间，如果太多孩子可能会有畏难心理，如果太少孩子可能还没养成阅读习惯，这个轮次就结束了。随后把这 15 本书按照一定的阅读顺序排序，这里要提醒一点，不建议按照先易后难的方法去推进，也不建议按照孩子的喜好去排序，最好是随机顺序，但是第一本不要太难，可以让孩子自己选。这样，孩子在阅读的时候就会难易交错，对孩子养成阅读习惯是比较有利的。从考试学的角度来讲，试卷的难度不是按照严格的先易后难的顺序出现的，而是整体先易后难，但其中难易都是交错的。

步骤四是分配时间。分配时间是孩子每天分配给阅读的时间，包含两个方面，一个是时间段，就是每天在什么时候读书，时间最好固定，不要今天是早上，明天是中午，后天是晚上。建议是先有固定的时间，其他时候读不读看孩子意愿。相当于一种是规定动作，另一种是自选动作。另一个是分配时间，是带孩子分配一下阅读计划执行过程中反馈的时间，即多长时间查看一次计划的进展和阅读水平的提高等。

落实反馈，检查调整

步骤五是落实反馈。这个步骤对于孩子来说是很重要的，说白了是对于阅读计划的执行力。很多人制订计划的时候是"王者"，但到了执行的时候变成了"乞丐"。因为当目标已经明确，能不能达到目标其实是"坚持"二字，并无其他捷径可走。这一点相对于成年人来说尚且不易，孩子更不易做到。很多人有健身或者减肥的计划，制订计划的时候特别积极、信心满满，但是"三天打鱼两天晒网,"半途而废者不在少数。所以，阅读计划的反馈必须做到位，否则这个计划就"废"了。那怎么落实反馈？下列几个建议供参考。

第一个建议是阅读计划可视化。前文已述，计划列出来最好做成一个完整的表格，贴在家里明显的位置，有点类似于教室后面的光荣榜，每天完成后打个勾或者做个标记。如果有一天没完成，要想好对应的补救措施，比如第二天多读半个小时。

第二个建议是设计激励机制。家长朋友可以参考本书相关章节内容，我们在孩子开始读书计划之前，可以许诺一部分奖励或者激励，但是执行过程中一定要有让孩子意外的激励。这么做的目的是让孩子感觉到家长是极其愿意让自己爱上读书的。

第三个建议是要定期检查孩子的阅读情况。孩子有时候读书只是坐在那里放空，翻书是做给家长看的。家长可以随时问问书里的内容，或者和孩子讨论一些相关的问题。一般小学阶段的孩子如果没有完成计划，或多或少都会心虚，不会理直气壮地说自己已严格按照计划执行。这时候家长要及时干预，让孩子回到正轨。

总而言之，希望家长朋友重视阅读计划的落实和反馈，这个是在制定目标之后最重要的步骤。

步骤六是检查调整。这是为了完善阅读计划而准备的，大多数情况下计划不会一次性完成，都是在调整中逐步完善。比如一开始制订的阅读计划是每天阅读 30 分钟，但是在实践中发现孩子每天读书停不下来，便可以加时间或者更改计划。建议所有计划的更改要根据实际情况，不要一出现问题就调整计划，最好是在一个周期内完成之后再动作，除非前期测量和图书准备的时候差得太多，那不如赶紧叫停，及时止损。

【阅后有思考】

本节主要分享了怎样帮助孩子制订阅读计划的六个步骤，孩子的学习也是一样，可以按照今天讲的制订计划的方法去实践。要提醒的一点是，家长做这个动作的最终目的是让孩子养成阅读的习惯，最好也能让孩子学会独立制订计划和完成计划。不妨思考一个问题，如果一个六年级的小学生面临小升初，有一些指定的书目需要阅读，该怎样制订阅读计划？

第二十九课　阅读提分

如何让孩子掌握考试文本的阅读方法

【开篇有关注】

考试，是衡量一个学生学习水平的重要标准，也许不是唯一的标准，但确实能够通过考试客观反映孩子对于知识的掌握情况。曾经有很多家长朋友向笔者提问，如何让孩子掌握考试文本的阅读方法？作为一名有十几年教授中高考语文课程的老师，笔者将从以下三个方面解答。

考场阅读文本的完成原理

家长和孩子都经历过考试。考试中的阅读文本其实是一篇文章，后面跟上几道题目。根据文章的不同，可以分为古诗文阅读和现代文阅读。现代文阅读根据文体，初中分成记叙文、说明文和议论文文本；高中分为散文、小说，社科类文本和科技类文本等。题目的类别也有很多，选择题、判断题、填空题、写作题，最主要的是简答题。这些题目类型中，简答题是最能衡量一个学生阅读水平的题目，一是可以评判孩子的阅读结果是否准确，理解是否到位；二是可以评判孩子的表达是否简练，内容是否完整。

对于学生来说，简答题是最容易丢分的。这是为什么？很多时候是考生不知道考场上阅读文本的完成原理。

考场作文文本的选择是有讲究的，一般都会有知识点和考点这两个明确的指向，还会有难度和区分度两个基础指标。以作文题目的阅读材料为例，有的同学会认为考场作文是"戴着镣铐"写作文，实际上出题老师也是有很多命题的限制，题目不能太简单以至于谁都会，也不能过于超纲，以至于大多数人都不会，那区分度会体现不出来。考试的本质是要筛选出人才，即优秀的孩子可以通过考试被筛选出来。所以，考试类的文本选择是有讲究的。

以中考语文试卷出现的阅读篇目为例，主题和内容都会在学生为期三到四年的中学语文学习中体现。不会出现学校教了学生三年中国近现代文学的散文，考试的时候出一道莎士比亚的十四行诗作为题目。考试时所有的阅读知识点肯定是学习过的，甚至是课文里直接见到过的。学生考试的时候没有找到答案，主要有两个原因，一个是孩子完全不知道他眼前看到的这篇考场阅读就是之前教材里学过、课堂上老师讲过的；另一个是孩子在考试之前没有学好，考试的时候答案是现场"编"出来的。

因此，考场作文阅读文本的原理是什么？很简单，原理是教材里的知识点在考场文本中的对应是否能够被学生发现。

考场阅读文本的完成方法

语文考试中阅读文本的完成方法，即阅读题是怎么做的。

考试中有两种比较极端的同学，第一种是纯读文本，然后跟着自己对于文本的感觉答题，这种做题的方法是"撞大运"，毫无章法可言。考试题目大多是有规律的，没有那么多创新点，不会有两篇完全一样的考场阅读，但是考试的题目会是"似曾相识"的。

第二种是模板导向，这意味着这部分同学会认为，考试中出现的需要阅读的文章不重要，重要的是题目是怎么出的，以一种猜测题目及答题模板成套路的方式完成试题。照理说这是一种相对比较高超的技巧，但是也有弊端。弊端是现在语文考试存在"反押题反套路"的题目设置，导致只会使用答题技巧而不分析文章的同学不会得到分数。更主要的是这种方法会让文本本身的魅力丧失，属于为了考试而考试。考试结束之后，这种分析的方法便失去了应有的价值。

应该怎么样完成考场的阅读题？建议按照以下步骤完成。

第一步是通读全文，可以浏览，也可以略读，总之是整体感知，知道文本讲了什么事。如果是记叙文，需要找到六要素；如果是说明文，需要划出说明对象和说明方法；如果是议论文，需要把论点、论据和论证都提炼出来。

第二步是带着问题精读，在考试的时候，要提前阅读文本后面的题目。题目是针对文章中的某几个点展开的，不会每一道题都是让考生结合全文解答。所以题目的答案往往在文章中固定的位置，需要找到这个位置。怎么找到？一是依靠问题的提示，二是依靠第一步浏览时候的记忆。

第三步是初步写答案，根据经验也好，技巧也罢，总之是先把答案大概写出来。此处还有个技巧被称为"看分写点"，即根据题目的分数来判断自己的答案方向和内容。

第四步是分析阅读，充实答案。这一步的操作并不是完全脱离语文考试的应试技巧，而是从纯粹分析文本的方法来看文本。考生要思考的问题是相对确定的，比如作者为什么要写这段内容？作者是怎么写的这段内容？作者这么写到底好在哪里？等等。

需要注意的是，因为考场阅读文本百分之百不会选择写得有瑕疵的文章让考生分析，所以不需要去判断这篇文章哪里不好，只要找到这篇文章为什么好的原因即可。如果考试的时候没找到，那通常是考生自身的问题，而不是文本的问题。

上面四步完成之后，一篇考场文本阅读的答案就有了。也许和参考答案略有差距，但是孩子是在这样的方法中不断缩短自己的回答和参考答案之间的距离的。这需要依靠长时间的训练，不能一蹴而就。

考场阅读文本的训练方法

先举一个日常生活中的例子。有的人喜欢健身，天天去健身房，找教练教自己，没事就锻炼；还有的人是天天从事体力劳动，一刻不闲着。试想一下，这两者谁的身材更好，其实可能都很好。但是我们如果让体力劳动者去健身房举重，让健身教练去从事体力劳动，比如干农活，会产生等同于对方的结果吗？

答案是显而易见的，经过一段时间之后也许可以，但是刚一开始都不如对方。这是为什么？因为同样是身材好，一个是有心栽花，另一个是无心插柳。

阅读也是一样，很多家长认为自己家的孩子平时很爱读书，照理说阅读能力应该很强，但是考试的时候阅读理解题目分数不高。

反过来的情况是，有的孩子考试阅读题答得很不错，可是并不爱学语文。

原因跟前面身材好的例子一样，术业有专攻。考场阅读文本虽然是阅读，但这是一种训练的结果。只要是训练，就有方法有技巧，是可以通过教育和培训提高的。

考场阅读文本训练的方法，一言以蔽之是"唯手熟尔"。熟能生巧，并不是有人天生就会，会的人只是熟练罢了。

怎么熟练？要从多做考试题开始。注意，这里并不是号召大家去使用"题海战术"，而是要有针对性地训练，按照规律和技巧进行训练。比如，考试的时候发现孩子是记叙文阅读得分不高，那不如每天做一篇记叙文，然后对照答案，看看有什么差别，不断向参考答案的思路靠拢。考试题目都是人出的，时间长了，命题人什么心思学生都会很清楚。相对于整个语文的知识大厦来说，考场阅读题能够考到的内容是有限且有边界的，只要穷尽所有的可能，题目难度会直线下降，只是看学生下不下功夫了。

【阅后有思考】

本节分享了关于孩子阅读考试文本提分的一些内容，从考试文本的完成原理，完成方法和训练技巧三个方面提了一些建议。不妨接着思考这样一个问题，如果孩子特别喜欢写作文，但是作文分数不高，该怎么办？

第三十课　作文加分

如何帮助孩子建立考场作文自信心

【开篇有关注】

很多家长朋友关心孩子的语文学习成绩，同时也希望孩子能够全面发展，有健全的人格，博览群书。要达到这个目标，会发现语文学科中的阅读和写作是衡量孩子语文成绩的重要指标。普遍的观点认为，如果书读得多了，写作水平会水涨船高。这种想法正确吗？本节我们继续探讨阅读和写作的话题，继续分享孩子如何阅读才能为写作文打好基础。

下面笔者将从阅读的内容、仿写的技巧和词句的积累三个角度解答。

阅读的内容

读什么样的书能对孩子写作文有正向的促进作用？

前文已述，在孩子阅读的书里，有一些是用来消遣娱乐的，学习功能偏弱；还有一些主要是为了提高语言文学水平的，以精读为主。家长朋友需要把孩子提高写作能力当成一个目标来看，思考读什么样的书会对孩子的写作有促进作用。

笔者经过多年语文教学实践认识到，名家名篇散文有促进作用。

如果希望孩子通过阅读提高作文水平，那需要多读名家的散文名篇。如果再聚焦一点，结合中高考作文要求，近现代以来的中国散文名家的作品帮助最大。有以下三个原因。

第一个原因，从文学的四种形式，诗歌、散文、小说和戏剧来看，诗歌的创作难度很高，对于语言精练的把握不是一般人可以随便达到的。很多孩子喜欢写诗歌，但大多数并不是文学性的诗歌创作，能做到押韵已经算是不错了，不太能构思诗歌的意象和感情。网上流传的许多孩子写得不错的诗作，多半是因为有"童趣"，属于妙手偶得之。而孩子写作文是个需要进行批量训练的事，所以诗歌不是练习的首选。

而小说和戏剧，对于孩子来说属于消遣性质，或者说听故事的性质更大一些。当然，如果家长把孩子编故事也当成写小说和戏剧，那要求未免不高。而且从功利角度来看，考场作文不能写诗歌，小说和戏剧在几百字里也施展不开。唯一可以阅读，从而进行写作熏陶的对象只有散文作品。

第二个原因，中国近现代作家的散文是汉语白话文的主要载体。阅读"四大名著"是不会学好现代汉语的，阅读外国名著孩子往往习惯的是翻译腔调，所以近现代作家写的散文是最接近考场作文要求的文体。从遣词造句到写作结构，并且情感走向、时代背景与当代社会更接近，孩子理解起来难度不大。读了朱自清的《匆匆》，可以让孩子写一下对时间的看法；读了冰心的《寄小读者》，不妨让孩子写一封给冰心奶奶的信；读了鲁迅的《朝花夕拾》，孩子也可以试着把自己的童年生活记录下来等。经典作品是孩子阅读的最好样本，而语文教材也会把这些散文作品当成课文让孩子去学习。

第三个原因，名家散文篇幅一般不长，孩子阅读的时候脑子里需要处理的信息不多。孩子阅读长篇小说，脑子里要处理人物、情节，前后勾连还容易遗忘，大作家在作品中有很多巧妙的设计孩子是看不出来的。而名家散文一般一两千字的篇幅，孩子注意力集中的时间有限，可以在有限的时间消化理解作品内容。这也是散文这种文体的优势。

仿写的技巧

笔者教过 15 年的作文课，如果说真有什么方法，能让孩子开始上手写作文，答案只能是仿写。模仿是学习的基础，虽然写作是一种创造性劳动，但孩子的作文还是应该从仿写起步。

上一节我们讨论了孩子阅读近现代中国作家的散文作品，二者相结合，就可以让孩子进行仿写训练。下面提供两个主要的仿写技巧。

第一个技巧是原句套用。在作家作品中有非常经典的句子，比如鲁迅在《风筝》里写的"玩具是儿童的天使"，这句话非常好，孩子们可以用在写"玩具"的作文里。比如遇到作文题目是描写一个礼物之类的，可以让孩子一定用上这句话。时间长了，孩子知道遇到这种眼前一亮的句子可以直接迁移到自己的作文里。

第二个技巧是换词迁移。孩子阅读散文的时候遇到很好的句子，不是每次都能借用在自己的作文里，这时候需要灵活变通。比如刚才举的例子，"玩具是儿童的天使"，这个句子可以带着孩子通过换词的方式，把句式应用到别的地方。这句话想表达的意思是玩具对于孩子有很重要的作用，是孩子所喜欢的，有的玩具会和孩子产生很深的情感连接。这些内容孩子可能很难概括，他只要记住"什么是什么的天使"这个句式，便能理解有这种情感该怎么表达了。如果说要写母亲爱孩子，可以指导孩子写"孩子是妈妈的天使"；如果家里的宠物狗贝贝，给全家人带来很多的欢乐，这时候可以写"小狗贝贝是我们全家的天使"等。

上面这两个仿写的技巧只是仿写训练的基础，家长朋友如果感兴趣，可以看看仿写训练的有关内容。总之，拿到阅读材料后，迁移到写作上最重要的起步动作，对孩子拿起笔写作文帮助很大。

词句的积累

提到语文学习，很多人会大而化之地告诉家长要靠"积累"，但是"积累什么""怎么积累"不好回答。下面分享关于词句积累的方法。

孩子阅读近现代的名家散文，是不能当成小说来看的，如果希望写作能力提高，最好当成课文来学习。孩子是怎么学习语文课文的？可能被要求背诵，可能被要求抄写，最后还有考试来检验学习的结果。

孩子日常阅读有一部分原因是为了应对考试，但是没有办法保证平时读过的文本内容会直接成为考试写作文的素材，所以要有针对性地去准备。

词句积累的方法其实很简单，最开始的方法是摘抄法。家长朋友不妨给孩子准备一个摘抄的本子，让孩子遇到好词好句记下来。

笔者有个经验，即摘抄不要经常换本子。最好一个本子写完了再换新的。很多同学做摘抄是赶时髦，看别人摘抄了自己也去摘抄，这达不到摘抄的目的。摘抄只是第一步，后面是定期查看，想想自己遇到什么写作的题目可以用上哪句话。人一般不会抄完立刻能记住，除非抄了好多遍已经印在脑子里，抄写了之后如果不看等于白抄。

孩子摘抄积累到一个固定的本子之后，每次考试或者写作文之后去看看这个本子，有哪些话该用没用，或者哪句话用了等。

鲁迅说"玩具是儿童的天使"，而笔者要说"摘抄本是积累作文素材的天使"。

从阅读到写作是孩子提高文字表达能力的必经之路，孩子需要一个模仿的对象，学好了才能写出漂亮的作文。

【阅后有思考】

本节从阅读的对象、仿写的技巧和词句的积累三个方面分享了相关的问题。此处还要专门说明一点，本节涉及内容是孩子写作的起步训练，主要针对不会写、不知道写什么的问题。写作是个大学问，"千里之行，始于足下"，走好第一步，以后再慢慢去看世界。家长不妨思考一下，孩子每次写作文都仿写得太多，自己写出来的部分太少，该怎么办？

第四部分

误区，走出来不易

第三十一课　以身作则

家长是孩子最好的阅读指导师

【开篇有关注】

"书香门第"，是很多家庭渴望拥有的家庭环境。我们不妨思考这样一个问题：建设一个热爱读书的家庭环境，主力究竟是孩子，还是家长？

日常生活中大多数场景是父母在玩手机，却督促着孩子去看书学习。试想在这种情况下，需要孩子有多大的自律能力和学习兴趣，才能淡定在家长快乐消遣的同时自我提高。

本节我们将探讨在孩子阅读学习过程中最大的一个误区：家长自己可以不读，只督促孩子读书便可以了。

孩子的第一位老师

普遍的观点认为在孩子的成长过程中，家长是孩子最早的老师，但笔者认为家长才是最重要的老师。家长自己所接受的教育，及其本身所持有的教育孩子的态度，会直接影响孩子的成长和发展。

首先，家长是孩子最早的接触者。孩子从出生的第一天起，和家长在一起生活、学习、成长。关爱自己的孩子是为人父母者的天性，但是如何教育孩子确实需要学习。在孩子成长过程中，小到吃饭卫生，大到人格品德，孩子都会通过观察和模仿家长的行为来塑造自己。例如，孩子会观察父母如何用筷、如何拿碗；如何穿衣、如何说话等。如果家长的行为得当，孩子在模仿过程中自然可以学到很多好的习惯和技能。

其次，家长能够给孩子提供最全面的教育。和孩子长久的相处中，家长会清楚地知道孩子的兴趣爱好、优点缺点，自然也知道孩子在哪些方面需要加强。因此，只有家长才可以为孩子量身定制教育的目标和学习的计划，甚至会考虑到如何给孩子提供最适合的学习方式和环境。

最后，也是最重要的，家长能够传授孩子最重要的品德和价值观。在孩子成长的过程中，家长通过言传身教来传授孩子正确的道德和价值观。例如，如果家长习惯性说谎、连哄带骗，孩子就会学会说谎；如果家长重视诚实和守信，孩子就会养成重信讲礼的品质。因此，家长应该时刻注意自己的言行举止，给孩子树立正确的榜样。

家长是孩子的第一位老师，也是最重要的老师，他们对孩子的成长和发展有着至关重要的影响。只有家长用正确的方法和态度去教育孩子，才能让孩子成为一个有道德、有责任感、有爱心的人。

孩子最好的榜样

前文已述，在孩子的成长过程中，家长是他们的第一位老师，同时，家长也是在孩子成长过程中最好的榜样。尤其是在学习阅读这一方面，父母的作用更加重要。

首先，家长可以通过日常生活中的阅读行为来影响孩子。可以设想这样一个场景：一个平常的夜晚，吃过晚饭，父母二人在孩子面前阅读书籍、杂志、报纸，家里没有别的声音，安静而又温馨。此时孩子会怎么样？孩子是不是也会慢慢认可阅读和学习是生活中的常态？如果孩子年龄尚小，家长还可以通过朗读故事、讲解知识等方式，来帮助孩子理解阅读内容。这样的行为不仅可以提高孩子的阅读兴趣，还可以培养孩子的阅读能力。再如，家长可以在周末陪孩子去图书馆借书，图书馆中的环境氛围能够潜移默化影响孩子对待读书的态度，让孩子感受阅读的乐趣。

其次，家长可以通过自身的阅读水平来影响孩子。孩子往往会模仿父母的行为，如果整个家庭都重视阅读并且阅读水平较高，孩子也会对阅读产生兴趣并且有更好的阅读能力。例如，家长可以在孩子面前阅读一些经典的文学作品，这样可以让孩子了解到阅读的重要性，并且学习到更多的知识和技能。反之，孩子在家中只是看到父母守在电视机旁热火朝天地讨论电视剧的人物弧光，那孩子势必会认为电视是家庭生活的中心之一。

最后，家长可以通过与孩子分享阅读的乐趣来帮助孩子学会阅读。当孩子感受到阅读的乐趣时，他们会更愿意参与到阅读中来。比如说家长可以与孩子一起讨论书中的情节、人物形象等内容，让孩子了解到阅读的趣味性和创造性。笔者的一位好友，孩子还在上小学，因为班上的同学都在阅读《三体》，于是非要父亲给他买来看。笔者好友也因此和孩子一起阅读这部科幻巨著，与孩子一起探讨"黑暗森林"法则。他曾经告诉我这是他和孩子沟通的一个绝佳的契机，孩子即便不理解书中的内容，也和家人有了更多的情感连接。

此外，家长千万不要忘记可以通过相互之间的鼓励，来帮助孩子学会阅读。当孩子学习阅读时，他们可能会遇到一些困难和挫折。家长可以用自身的经历为孩子作表率，通过鼓励和支持来帮助孩子克服困难。例如，当孩子不理解某些书中的语言，家长可以提供一些与生活类似的例子来帮助孩子更好地理解。

家长是孩子学会阅读最好的榜样。作为家长应该重视自身在孩子阅读教育中的作用，让自己成为孩子学习阅读的最好榜样。

孩子阅读的最强"辅助"

如果说家长在孩子的阅读学习中起到了什么样的作用，笔者认为，家长是孩子阅读的最强"辅助"。

玩过较为复杂的电脑游戏的朋友都会知道，一个游戏会尽可能地再现人们对于达到目标所需要的种种选项。比如强大的武器、新奇的地图、困难的挑战等，但是又要考虑到很多人玩游戏不太喜欢最高难度的项目，所以会在游戏中设置很多能够帮助玩家实现目标的"辅助"功能，可以使用也可以不使用。

孩子面对阅读这件事也有可能产生畏难或丧失信心等情况，这时候家长的"辅助"功能就可以"技能发动"了。

技能一，家长可以为孩子提供阅读材料。在孩子阅读的过程中，选择合适的书籍，对于孩子阅读能力和阅读兴趣的培养都是非常重要的。家长可以根据孩子的年龄和阅读水平，为孩子挑选合适的图书，以激发孩子的阅读兴趣。

技能二，家长可以帮助孩子理解阅读内容。当孩子在阅读过程中遇到难以理解的内容时，家长可以耐心地解释和引导孩子，帮助孩子找到关键词、理解语境，以便孩子更好地理解阅读内容。

技能三，家长可以鼓励孩子多读书，并给予孩子必要的赞扬和鼓励。孩子在阅读过程中需要得到家长的支持和鼓励，这样可以激励孩子更加热爱阅读。

本书前面也讲过家长可以适当地给予孩子奖励，如表扬、夸奖或者小礼物等，以激励孩子继续阅读。

总结一下，家长在孩子的阅读过程中，可以提供适合孩子年龄和阅读水平的阅读材料，帮助孩子理解阅读内容，并鼓励孩子多读书。这些方法都能够帮助孩子更好地掌握阅读技巧，提高阅读理解能力，同时也能够培养孩子的阅读兴趣。

【阅后有思考】

本节探讨了家长在孩子阅读中的重要作用，其实，良好的家庭氛围才是孩子获得自信、学会成长的重要基石。孩子阅读能力的提高离不开家长的以身作则。不妨思考这样一个问题：家长如果工作繁忙，没有时间为孩子做榜样，该如何成为孩子的第一位老师？

第三十二课　目的导向

阅读可以助力考试，但不是为了考试

【开篇有关注】

孩子学习语文，有输入的过程，也有输出的过程。输入的过程是阅读，输出的过程是写作。很多家长认可这样的观点：输入不好，或者说不会阅读的孩子，写作也会有问题。其中会有家长朋友问："要是为了提高孩子的写作水平，让孩子直接阅读作文选是不是就可以了？"

本节我们将一起走出关于"作文选"的误区。分成两个方面，第一个方面为作文选要不要读，第二个方面为如果要读作文选，该怎么读？

要不要读作文选

作文选，其实是优秀作文的集锦，其中有一些确实是学生自己写的，加上老师的点评和修改意见，是一种很好的学习写作文工具。但是有一些作文选实际上不是学生写的，是编者为了凑数也好，或者提高选文质量也好，根据需要编写的。从提高学生写作能力的实际需要看，这样做也无可厚非，只不过"作文选"应该准确反映学生优秀作文的真实水平，不能为了编作文选而编作文选。

所以孩子要不要读作文选？笔者的回答是，如果作文选真实，

185

那是可以的；如果不真实，不建议阅读。

如果作文选里的选文不是真实学生的优秀习作，会有什么问题？难道不是让孩子们知道什么样的作文好照着学便可以吗？

该问题表面上有道理，其实是非常不了解学生的一种表现，笔者亲身经历的一件事会很好地说明这一点。笔者平均每年点评的学生作文数量会有几千篇，看作文多了自然会知道某个年龄段的孩子大概能写出什么水平的作文，虽然水平参差不齐，但大体相差不多。因此一般来说，一篇学生作文笔者看一遍，会知道这个孩子在同龄人中是什么写作水平。

2016 年的夏天，笔者每天晚上判作文到深夜，有个一直以来非常优秀的学生提交了一篇作文。这是一位初一的学生，字写得非常好，练过书法，她写了一篇关于母爱的记叙文。当时给她的评语是"超出同龄人很多"，随后笔者在课堂上把她的作文当成范文给同学们分享出来，结果有同学当场指出这篇作文是在网上抄的。笔者现场使用搜索引擎，果不其然找到了原文，且一字不差。对于教师来说，这种场景并不算太尴尬，毕竟所选的文章写得还不错，只不过作为教师的我没有判断出来这个字写得好、一直以来优秀的同学，竟然干出来抄作文的事。这件事对于这个学生的打击比较大，当场被同学拆穿作文是抄的，孩子的自尊心会受到多大的打击。

下课后笔者单独和她聊了聊，希望能安慰她。令我大吃一惊的是，她从小学开始为了得到老师的表扬，一直抄作文，从家里的作文选到网上的例文，几乎从来不愿意自己动笔写。一方面是因为虚荣心，想让自己的作文写得好得到老师的表扬；另一方面是感觉自己写得不好，所以对写作文有抵触心理。

抄作文选没有好处

从这件事以后笔者明白了两个道理：第一个是之后看到某个同学作文特别好且明显超出其年龄段的时候，会搜索是不是抄袭；第二个是面对写作文的同学，无论写到什么程度都要去鼓励他们，希望他们能够表达、不要畏惧。

分享这个故事是要告诉各位家长朋友，作文选好的方面都是家长和老师看到的，但是对于学生来说，也许只是一个抄作文的便利工具。写作文不像是完成一道选择题，或者看一篇阅读文章写答案，需要完整的构思和相对长时间的写作训练，尤其是考场作文，更是对于学生有很高的要求。抄作文选的弊端还有一个，即这样做的同学多了，彼此互为风险。因为只要老师看到两篇一样的作文，大概率会知道这不是两个人分别各自写的，各打五十大板，下次也不会信任同学的写作能力了。所以抄作文选其实对孩子没有好处。

为什么会出现抄作文这种情况？因为大多数给孩子买作文选的家长，是不会告诉孩子怎么写出作文选上那样的范文的，如果家长会，也不用买作文选了。而且孩子自己看作文选能看出高分作文的门道？显然不能，如果孩子能，那孩子直接看名家散文、大家作品就行，看同龄人写的考场作文帮助也不大。

在笔者教过的学生当中，作文写得好的同学一般都是爱写作文，并且愿意学习写作方法，很少有不爱写作文但作文分数还很高的。

写作和唱歌、跳舞一样，是人类抒发个人感受的渠道，是天性中的需求，而人的情感如果一直是通过别人的笔触来表达，那并不是什么好的事情。

作文选是不是只要不抄，孩子看看也无妨？当然是，同龄人的作文是孩子们彼此之间的激励，看看别人怎么写的有助于拓宽自己写作的视野，这一点毋庸置疑。作文选的选编者一般都有中小学语文教学的经验，通过他们的筛选编辑，孩子能知道老师喜欢什么样的作文，而不是自己天马行空地创作。

如何使用作文选

孩子阅读作文选也像阅读世界名著一样，怎么看才能有收获？这是一个问题。下面我们将探讨如果孩子要阅读作文选，该怎么阅读？笔者将针对三种不同的情况给出建议。

第一种情况是写作水平比较高，作文分数也比较高的孩子。这时候作文选对于孩子来说，价值在于拓宽视野，希望孩子能带着批判的眼光来看，即孩子在阅读的时候，要说出作文选里的选文为什么好，大家可以参考前文和阅读批注有关的内容，将作文选当成一本需要批注的读物看，积累一些好词好句也可以。同时告诉孩子，他的水平和作文选里的选文差不多，激发孩子也要写出作文选里这样的作文，帮助孩子建立写作文的自信心，相信最适合的文字表达都是依靠孩子自己想出来的。

第二种情况是写作水平比较低，作文分数一般比较低的孩子。这时候作文选的作用是范文集锦。该怎么对待范文集锦？抄是肯定不行的，有的老师和家长会认为抄一遍是不是也能有点印象？完全不是。孩子在抄作文的时候往往只是在"抄"，他不是在"记"，所以指望孩子背下来范文不太现实。如果想让孩子背，应该直接让他以背范文为目标，这时候"抄写"只不过是"背"的形式。实际上并不应该提倡背作文选中的范文，不如让孩子背背大作家的作品。正确做法是教会孩子仿写。孩子作文水平不高，仿写大作家的文章可能有难度，仿写一下同龄人中佼佼者的文章还是可以的。

第三种情况介于前两种情况之间，孩子对于写作文有兴趣，但是没有方法，这时候作文选的作用是"素材仓库"和"武功秘籍"。最好是当孩子遇到某类不会写的作文主题的时候，翻看一下作文选对应的内容，学习一下优秀作文的套路，或者说打开一下思路，然后合上作文选再让孩子开始写作。一般来说，孩子都会根据自己的理解和记忆去写作，这时候的写作孩子已经是靠自己了，所以即便写出来的意思和作文选一样，但不会每个字都相同。而且这种情况的孩子更喜欢自己完成写作，模仿也是在学习，慢慢会有进步。

【阅后有思考】

写考场作文和培养孩子的写作能力实际上不能够完全等同，这是一个很多家长和同学都没有注意到的问题。如果家长和孩子使用作文选，怎么用便是需要重新审视的问题。本节分享了关于作文选读或者不读，以及如果要读的三种情况。我们不妨继续思考一下，如果孩子根本不爱看作文选，那么会是什么原因？

第三十三课　矛盾困境

阅读主要是为了消遣，还是为了学习

【开篇有关注】

对于孩子们阅读的问题现在已经越来越引起社会的重视，不光家长们想知道孩子该怎么看书，很多学校里的老师也苦恼该怎么给孩子推荐课外读物。笔者曾经遇到过许多语文老师，咨询不同年级的孩子该怎么看文学作品。这是个很有意思的问题，本节将带领各位家长朋友，走出关于中外文学经典作品阅读方法和阅读顺序的误区。

书籍的功能

书籍是知识的载体，但书籍还有其他的功能，其中很重要的功能就是消遣和娱乐。可能听到这两个词，很多家长会觉得满足此种功能的书籍会影响孩子的学习，其实不然。现在语文学习的很多内容都是前人消遣娱乐的产物，并不是为了孩子能够学好汉语言文学而专门创作出来的。所以如果一味希望孩子通过阅读文学作品而提高语文成绩，其一是两者并不直接相关，其二是有可能会适得其反。

中外文学经典的阅读方法和顺序这个话题范围很广，一方面是涉及两个维度，中国文学和外国文学，而其中中国文学还分为中国古代文学、中国近现代文学和中国当代文学。外国文学更不用说了，

虽然主要以欧洲文学为主，但数量也是庞大的，这个内容在大学里没有一两个学年是教不完的。另一方面，从文学的形式来看，诗歌、散文、小说、戏剧，孩子们是都要看，还是说有的可以不看？

说到底，有这样问题困扰的家长是想问两件事。

第一件事，在给孩子选择经典文学作品的时候要怎么安排先后顺序？

第二件事，孩子该如何阅读这些经典文学作品，能够效果更好？

阅读顺序

给孩子选择经典文学作品的顺序有两个思路，一个是省事，另一个是费劲。

省事的方法是无论孩子是哪个年级，把孩子的语文教科书找出来，打开目录，把上面提到的所有作家的相关作品全部买回来就可以了。孩子一边跟着学校里的语文教材学习，一边课外阅读对应的经典就行。

要知道语文教材里筛选的都是知名作家的代表作，其中中文作家都是大师级别的，或者是在某个领域有卓越建树的人，要不也不会选择他们的语言文段进入到中小学的课本里。另外，语文教材不是只学习文学作品，还有其他语言学习的功能，要保证分门别类样样都有，所以对每个作家的作品都是管中窥豹、蜻蜓点水，给孩子打开一扇门，至于门另一边的风景，则需要孩子去发现。

这个方法还有个好处，即可以紧跟教材和考试，孩子对这些作家作品越熟悉，自然考试的时候陌生感会越少。比如中学教材里有鲁迅《朝花夕拾》里的《从百草园到三味书屋》，那《朝花夕拾》要不要看？肯定要看。《朝花夕拾》看了，鲁迅的《故事新编》《呐喊》《彷徨》是不是也要看？然后会发现，鲁迅的作品，比如《呐喊》和《彷徨》，初中教材几乎没有，所以鲁迅作品的阅读顺序孩子便搞清楚了。

这个结论你是怎么得到的？看孩子语文教材的目录，根据目录得到的。

费劲的方法是按照文学作品发展的顺序和流派去阅读。这个方法有点类似于专题阅读，或者可以称为"主题阅读"，即每一段时间围绕一个主题让孩子去阅读。比如说孩子现在五六年级，刚开始阅读世界名著，这时候家长发现孩子感觉《海底两万里》还有点意思，那可以围绕《海底两万里》这部作品，从作家、类别两个维度去延展。"儒勒·凡尔纳三部曲"，《格兰特船长的儿女》《神秘岛》等作品先给孩子准备好，后面进入科幻名著的部分，诸如《安德的游戏》《死者代言人》等。这样，在某个时间段，孩子的阅读内容大致是有交集的，能够让孩子把想看的内容一次性看个够。但是这个方法对于家长来说难度比较大，相当于要求家长得是读书的专家，或者是在买书的时候眼光毒辣，一下子可以找到同类的作品。如果家长没有太多的时间研究这些内容，建议还是跟着语文教材的目录顺序走。

文学经典的阅读方法

每一本书的阅读方法都不一样，因为每一本经典作品都有其独特的魅力和价值。比如本书前面提到过"四大名著"的阅读方法，《西游记》要以孙悟空为中心，《水浒传》要以人物描写为中心，《三国演义》要以战争为中心，《红楼梦》可以以很多内容为中心展开阅读，如果非要提炼出某种有针对性的一劳永逸的阅读方法，几乎是不可能的。但是笔者有三条相关的阅读经验可以分享给各位家长。

第一，外国文学名著重点看情节和人物塑造，除非看原版，否则可以不考虑语言要素。这里稍微解释一下，一部文学作品成为经典的原因有很多，有的是情节曲折引人入胜，有的是人物塑造极其成功，有的是解读视角寓意深刻，还有的是语言生动体验很好等，也有可能是其他原因。

对于中国文学作品来讲，出于汉语言学习的必要和语感养成的角度，中国文学作品是要鉴赏作品语言的。但是外国文学，特别是翻译的经典作品，由于已经过了翻译家的手，所以是用汉语的逻辑来呈现外国语言的内容，无论翻译的质量多么高，多多少少会失真。而且翻译得再好，毕竟不是所有的孩子将来都要去看外语原版，到外国生活的也很少会和别人沟通，说某个作品的语言特色真是让人拍案叫绝。因此，从效率的角度，看外国文学名著重点看人物塑造和情节。

这里不是说外国文学的语言不重要，就笔者个人而言，我其实很喜欢海明威简洁的风格，翻译成中文也很简洁有力。这里只是对于孩子们来说，外国文学语言的美感可以不用太早地去体验。

第二，好记性不如烂笔头。很多孩子在阅读文学作品的时候是当成娱乐和消遣的，因为不用像学校里的语文教学那样，需要听写、背诵、分析和写作，总之要省事很多。但这也意味着孩子对于阅读过的内容印象不深刻。无论是阅读中文经典还是外文经典，建议孩子阅读的时候身边能有个摘抄的笔记本，能够随时记录内容，包括阅读感受，然后定期查看。这样，孩子的阅读能够出现周期性回顾的可能，而不是看过就似过眼云烟，若干年后再次翻开则唏嘘不已，当初这么好的书自己怎么就没记住呢……

相对于博览群书博闻强识，孩子更需要读一本能够消化掉一本。大多数孩子都不是过目不忘，恰恰是即便已经落实到笔头上也记不住的情况居多。所以无论阅读什么作品，形成良好的记录习惯是非常重要的。与此同时，还建议每读完一本重要的书籍，让孩子写写读后感，不是那种介绍情节的文字，而是孩子阅读之后真实的感受。这也是锻炼孩子写作能力的一种方式。

第三，锻炼孩子阅读文言文的能力。在笔者十余年的教学中，发现很多孩子不是不愿意读书，而是有畏难情绪。主要是拿到一本书没有"啃下去"的意识，"大部头"不愿意读，难度大的不愿意读，人物多的不愿意读等，总之是想吃"快餐"。笔者自己在本科和研究生阶段读书的时候，阅读能力提高最快的阶段是需要学习清朝繁体字竖排版的法律条文（当时是老师要求这么做的）。虽然有简体字且横排版的他人解析的版本，但是教授会要求一定要看原版，甚至是连标点符号都没有的版本。一开始当然是非常痛苦的，可度过了最开始那段难熬的"啃书"的日子后，不光看这些专业书籍没问题，再看后来的文言文作品觉得更轻松了。文言文是中文阅读中较难的部分，对于孩子来说，相当于在学习一门外语，词汇不熟悉，语法不了解，故事可能懂，阅读起来费劲效率低。又好像是孩子需要练习跑步，文言文的训练就像是绑了沙袋，等到沙袋卸下去的时候，就是孩子开始加速的时候。

【阅后有思考】

　　本节分享了中外经典作品的阅读顺序和方法问题，提供了两个思路和三条经验。我们不妨继续思考，孩子如果想看诗歌和戏剧，该用什么样的方法？

第三十四课　欲速不达

到达彼岸的最短时间是他迈开腿的那一刻

【开篇有关注】

教育孩子是每位家长都必须面对的问题，但是如何教育孩子却是一个需要全社会认真思考的话题。很多家长喜欢采用"静待花开"的方式，认为孩子自然而然会成长，不需要过多干预。然而，这种教育方式存在一些问题。

本节我们将探讨"静待花开"带来的教育误区。

"静待花开"不如"学会浇水"

花开花落自有时，这是亿万年进化的结果。"静待花开"的本意是花会在该开的时候开放，没有到时间花不会开放。

曾几何时，"静待花开"属于一种很美好的教育愿景，相信孩子可以凭借自己的感悟和自觉，成长为"一朵美丽的鲜花"。然而，这个类比有两个明显的不当之处，其一为不需要人关注的是野花，总是开在不经意的角落；其二为人的成长周期并不似花期，并没有一套行之有效的"通用培育手册"。

"静待花开"的教育方式容易使家长变得过于依赖孩子自我意识的发展。孩子在成长过程中需要父母的引导和帮助，而"静待花开"的教育方式却让孩子失去了这种引导和帮助，从而导致孩子在成长中缺乏必要的指导和支持，表现为孩子在成长过程中遇到问题时无法很好地处理和解决。

与此同时，"静待花开"的教育方式容易让家长变得过于消极，在等待孩子自己"开花"的过程中，未能积极主动地去帮助孩子提高探索和学习的能力，孩子的成长变得过于被动，缺乏自我驱动力。这种教育方式不仅无法促进孩子的成长，反而容易让孩子产生不良情绪。

因此，教育孩子应该有方法，但并不是"静待花开"，为人父母者需要通过适当的方式来引导和帮助孩子成长。换句话说，就是学会浇水。让孩子在成长过程中获得必要的指导和支持。同时，父母也需要通过适当的方式来激发孩子的积极性，让孩子能够更加主动地去探索和学习。

"静待花开"的教育方式容易让父母感到省心，但是容易让孩子的成长停滞和消极等待。因此，我们应该采取更加积极的教育方式，让孩子能够健康、快乐地成长。

那该如何"浇水"？家长朋友需要注意以下三点。

第一，根据孩子的不同成长阶段采取不同的教育方式。对于幼儿期的孩子，应该采用较为亲密、温暖的方式来引导其成长；对于青少年期的孩子，应该更多地尊重其独立性和自主性，让孩子有更多的自主空间和自我决策权。

第二，注重培养孩子的品德和价值观。家庭是孩子最早的社会化环境，家长应该通过言传身教来教育孩子树立正确的价值观和行为准则。

第三，注重与孩子的沟通。只有及时了解孩子的需求和问题，才能更好地引导和帮助孩子成长。

教育孩子是一项重要的任务，"静待花开"的教育方式只是"看上去很美"，却无法让孩子获得成长。父母应该采用更加积极、科学的教育方式，让孩子获得必要的指导和支持，培养良好的品德和价值观，同时与孩子保持良好的沟通，让孩子在成长中获得充分的关爱和呵护。

"从现在开始"好过"等等再说"

在教育孩子学会阅读的过程中，经常会遇到一些需要决策和行动的情况。有时候，家长朋友会选择拖延、搁置问题，等待更好的时机。但是，这种行为往往会带来多种负面影响，例如增加家庭两代人的压力、浪费孩子的成长机会等。因此，应该尽可能避免出现"等等再说"的教育理念，发现问题就该从"现在"开始行动起来。

为什么"从现在开始"好过"等等再说"？一个重要的原因是，决策和行动需要时间和精力。当搁置问题、拖延决策时，这些问题和任务可能会在头脑中占据更多的"存储"空间和"情绪"精力，进而更加深了压力和不安。只有从现在开始行动起来，才有可能把问题解决，释放家长和孩子双方的精力。

从现在开始行动还可以让我们抓住机会。有时候，我们需要快速决策，抓住机会。如果拖延决策，等待更好的时机，这个机会可能就会消失。

比如家长带孩子去动物园，观赏了许多动物，孩子全程都具有极大的兴趣。回到家之后可以立刻找来相关书籍让孩子进行阅读，或者让孩子在记忆还深刻的时候进行写作练习。这时候家长如果因为比较疲惫，把阅读或写作的时机错过了，想着"过两天再说"，那孩子的兴趣和记忆会消退，这次去动物园巩固"收获"的时机就错过了。

笔者指导中小学生写作多年，经常听到的问题就是"孩子肚子里没有墨水"，即不知道写什么。其实并不是孩子不知道写什么，而是那些可以写的东西已经被他们遗忘了。

那么，如何避免拖延？以下是几个建议：

第一，制订计划和目标。当有具体的计划和目标时，会更容易行动起来。计划和目标可以帮助明确需求和期望。例如，制订时间表，给自己设定截止日期，分解任务等，让孩子懂得列计划和完成计划是帮助其学会学习的重要步骤。

第二，及时给予不拖延的激励。拖延是一种恶习，但是对不拖延则可以通过激励方式进行正向的强化。无论是家长还是孩子，积极行动起来都是值得赞扬的。养成不拖延的习惯，可以帮助孩子更好地管理自己的时间和任务。

第三，努力保持积极心态。当家长对自己和孩子的能力和未来充满信心时，会更容易采取行动。养育孩子的过程中难免会产生挫败感，面对这些不顺利和不耐烦，需要调整好心态。家长先乐观，孩子才开朗。因此，家长应该时刻保持积极心态，相信自己可以克服困难，实现目标。

行百里者半九十

所谓"行百里者半九十",原意是走一百里的路程到九十里了,这只能算完成了一半。这个成语比喻做事在越接近成功的时候就会越困难,越需要认真对待。

在指导孩子阅读学习的过程中,这种情况时有发生。例如,当孩子在读一本比较厚的"大部头"图书时,可能会在读到一定程度时感到阅读困难,或者有了懈怠的情绪,进而选择放弃,导致家里有许多看了一半的书籍。

"行百里者半九十"对孩子阅读习惯养成的危害是显而易见的。

第一,孩子可能会在这种半途而废的学习或成长过程中产生浮躁心态,缺乏必要的耐心和毅力。

第二,这种情况可能会导致孩子的学习能力和兴趣下降,做事情浅尝辄止,从而影响他们未来的发展。

家长放任孩子出现这种情况实际上是纵容和溺爱的表现。当孩子出现想要放弃的苗头的时候,不妨采取下面几种策略。

首先,家长应该及时意识到孩子出现了"行百里者半九十"的情况,此时可以通过调整学习计划、提高学习兴趣、鼓励孩子坚持不懈地努力等方法,来帮助孩子完成眼前的任务。

其次,家长应该在孩子阅读学习的过程中,培养他们的耐心和毅力。很多图书阅读的过程无法一蹴而就,如果总是以低标准要求自己,那多半会贻误孩子学习和成长的最佳时机。

最后,家长还应该以身作则,成为孩子的榜样。在孩子出现"行百里者半九十"的情况时,家长应该及时给予指导和支持,现身说法，用自己的实际行动给孩子作表率，鼓励孩子继续努力，这样才能有效地帮助孩子克服这种困难。

【阅后有思考】

中国传统文化中有所谓"花信风"的说法，意思是某些花开的时候像是给人类报信一样，告诉人类特定的农时来临。如果孩子的成长真如一种花，那也是需要家长作为花匠及时浇水灌溉才能健康成长的花。本节请大家思考一个问题：如果孩子做事情总是三分钟热度，该如何引导？

第三十五课　比较原则

请和孩子之前比，不要和别人家的孩子比

【开篇有关注】

绝大多数孩子在成长过程中都听说过如下这些来自父母口中的话：

"你看看某某某，人家做得多好！"

"你怎么不能像某某某那样，让我省点心！"

"如果你有某某某一半就好了！"

……

或许每个父母在作上述表达的时候，并不是真心感觉自己家的孩子不如"某某某"，但是这些语言往往会在孩子心中或多或少留下痕迹，否则在互联网上也不会留下大量对于父母养育过程中用"别人家孩子"贬低自己的吐槽。

本节将带领家长朋友走出总和"别人家孩子"比较的误区。

总会有"别人家的孩子"

"别人家的孩子"，这个短语在当代中文语境下已经不是简简单单的中性语义，往往带有称赞、褒奖、羡慕等内涵。使用这个词汇的场景往往是在教育自己家孩子过程中寻找一个临近的学习对象，因为离得近，所以对孩子的影响更直观更有效。

很多时候，使用身边的榜样对孩子的成长确实有积极的作用，但这个"教育工具"不是万能的，并不是所有的场景都适合。

因为总会存在"别人家的孩子"。

孩子考了班级第一名，会出现"别的班的第一名"；孩子成为区里比赛的冠军，会出现"别的区的冠军"；孩子在中考中成了"状元"，还会有"别的省市的'状元'"……只要孩子不是最好的且唯一的那一个，那"别人家的孩子"战胜一个，出现一群。

有个概念叫"同侪压力"，即同龄人或者同辈人制造出的压力，"别人家的孩子"便是一种"同侪压力"。很多时候孩子关注自己的世界，但因为看到同龄人原来比自己优秀特别多，往往会产生危机感。

这甚至来自生物的本能，因为"物竞天择"，如果比同龄人差了，会产生担心自己会不会被淘汰的心理。总使用"别人家孩子"的教育方法，会让孩子产生逆反心理。成长环境中的压力如果来自同龄人，孩子会觉得这是一种"竞争"。"竞争"会带来失败，同龄人具有极强的竞争力，孩子会认为自己的努力不再具有价值。面对同侪压力，是需要进行自我心理调节的。如果孩子的心理调节失败，被压力击垮，教育的目的自然无法达到。

来自"比较"的危害

曾经有位家长咨询笔者，称孩子不想写作文，想和我通个电话给孩子一点鼓励。

电话打过去，想着孩子是不是因为不会写需要写作技巧的指导，后来听孩子的意思是——觉得自己写得还不够好，想把自己最好的一面展示给老师。聊了半天，孩子还是很难动笔。同样的情况还来自另一位家长，他的孩子也不想写作文，因为感觉其他同学写得都比自己好，写出来反而丢人，所以不写。一般有这种问题的孩子相对比较优秀，而且希望自己一直优秀下去，一旦预见自己有可能"不是最好的"或者"不优秀"，那索性放弃。

这是一种逃避心理。有的同学会"见贤思齐"，有的同学只会"见贤放弃"。而且这不是那种看到明确失败的逃避，而是感觉到有可能失败要逃避。总结一下孩子无外乎有两方面考虑：

第一，写得没有别人好，所以不写了。

第二，写出来太丢人了，所以不写了。

同行或者同辈人之间的竞争在很多方面是很残酷的，如果孩子确实因为觉得"技不如人"而放弃，从情理上可以理解——畏难。

孩子的畏难情绪是如何产生的？本节所提到的来自"别人家孩子"的先发优势是成因之一。有畏难情绪都正常，问题是该如何解决。

每个年龄段的人都会有自己的困难，困难的作用有两个，一个是打垮孩子，另一个是测试孩子。而孩子能做的也有两个，一个是面对困难尝试克服，另一个是面对困难直接放弃。如果选择尝试克服，成功了就是成长，因为懂得了人生总有坎坷，努力之后能够进入下一个阶段；假设失败了，那也算尽力了，也会懂得人生有时要"尽人事听天命"，这也是成长。

而如果选择直接放弃，这是"拒绝成长"。在笔者的教育教学经历中，发现很多已经上了大学的同学内心依旧是个孩子，面对挑战和困难，如同把脑袋埋进土里的鸵鸟一样，忽视真实的社会生活给自己带来的挑战。

下一个问题就是，人要不要成长？答案不言自明。我们应该教会孩子的是，可以允许自己失败，但不要允许自己放弃。

因此，用"别人家孩子"进行比较，会给心智尚未成熟的孩子带来特定的"危害"，如同很多药物不能直接对孩子使用一样，必须讲究"剂量"。

家长能做什么

应该理解很多家长面对孩子成绩不理想时的焦虑，但眼中只关注走在前面的人，会让孩子忽略脚下的路是自己一步步走出来的。回到前文孩子不愿意写作文的例子。写作的训练在孩子上了中学之后，家长应该尽量以鼓励表扬为主。

很多家长因为只能辅导孩子作文，所以如果自己不说出点问题会感觉"技痒"，但若孩子已经面对了"同侪压力"，家长最好不要再给"下一代压力"。家长应该做的是，帮助孩子区分考场作文和写作的不同。写作有时候是要看天赋的，但是考场作文不是比天赋，甚至都不能比天赋。尤其是选拔性的考试，考场作文不是选出将来的作家和编辑，只要具备一定程度的写作能力，应对考场作文不是什么难事。但如果把考场作文当成天赋的比拼，尤其是与"别人家的孩子"显露出来的极强语言天赋来比，那语文考试的意义就变了。

如果家长朋友读到这里，已经开始反思日常对于孩子的教育或多或少离不开"别人家的孩子",那"早发现早知道早处理早治疗"是最好的方法。

首先，需要让孩子自己认识到人需要成长和改变。"成长"这个概念中小学生都听过，但是他们是怎么意识到的？大部分情况下都需要家长和老师的引导，即告诉孩子"成长"是他们需要的，"成长"中遇到的问题是暂时的，但是不解决就会是永远的。学会自我调节情绪，解决眼前的问题，可以作为"成长"的第一步。

其次，教育孩子的过程要有耐心并进行必要鼓励。以教会孩子阅读这件事为例，很多家长对于孩子属于"贬低教育"，经常把孩子说得一无是处。如果是看孩子的作文，往往认为孩子的写作是毫无可取的文字。时间一长，孩子更会觉得自己不是"这块料"。再以在网上发唱歌视频的用户举例，好多人明明唱得非常一般，但是他们喜欢唱，而且愿意分享，试想一下，是不是他们经由训练，有可能唱得更好？

最后，掌握多种鼓励孩子的方式。本书前面已经提到过鼓励的重要作用，如果希望孩子能够在阅读上最终走到自信、自主、自律的道路，正确的方法和有效的鼓励相结合，好过"别人家孩子"的简单粗暴举例。

【阅后有思考】

本节我们分享了在孩子阅读学习过程中出现的用"别人家的孩子"举例的误区。我们不妨继续思考一个问题，如果自己家的孩子成为别人口中的"别人家的孩子"，那么该如何处理？

第三十六课　自主学习

教会孩子阅读的最终目的是自主学习

【开篇有关注】

本书的初衷是从"让孩子拿起书"谈起，到"激发兴趣，让孩子爱上阅读"，再到"高效高质阅读"，最终的落脚点是为了孩子实现自主阅读与独立思考。对于学生在阅读过程中遇到的各种问题，笔者都提供了经验范围内的建议。本节将探讨，家长对于孩子阅读究竟能提供什么样的帮助，以及孩子们阅读的最终目的是什么。

家长的关注点

孩子的自主阅读和自主学习是很多家长关心的问题。什么是自主？应该包含主体和动机两个方面，所谓主体是孩子自己的行为，是孩子自己独立发动、进行和完成的；所谓动机是孩子自己想的，不是父母老师强迫的。在这个动机之下，孩子能够切实明白阅读这件事对自己有好处，能够给自己带来精神愉悦和提高，能够认识到阅读对于自己的重要性。

孩子的健康成长到底有没有秘诀？如果有，应该是良好的家庭氛围。而良好的家庭氛围是什么？这个见仁见智，但是如果想要让孩子在阅读上健康成长，最好的老师是家长自己。

如果家长能够以身作则，那么孩子阅读过程中遇到的 80% 以上的问题，都是可以根据自己的经验解决的。更何况孩子每天耳濡目染的是，母亲在工作劳累一天之后，回到家里消遣的方式不是追剧网购，而是打开一本书，和孩子聊聊自己小时候看张爱玲和现在看张爱玲有什么变化；父亲在工作了一周之后，陪伴孩子的方式不是给孩子买各种玩具，而是带着孩子去逛逛书店。这是对于孩子阅读启蒙和读书兴趣培养最好的家庭氛围。

但我们所期望的这些场景大部分都是想象，当代中国家庭很多家长面临的问题是，想重视孩子的教育，可是又不知道怎么重视。以本书所涉及的阅读为例，笔者所交流过的家长，其所谓的重视都是知道阅读这件事很重要，但是既不愿意以身作则，也不愿意坚持长期主义，往往都是浅尝辄止。所以在帮助孩子养成长期阅读习惯这件事上，家长首先败下阵来了。

还有的家长奉行"自由放养、静待花开"的育儿经，觉得孩子自有他的天命和福分，自己只要给孩子提供物质基础和精神支持便万事大吉。这些家长朋友属于不太了解孩子，而是以成年人的眼光来看待孩子。所有的孩子，天性都是爱玩、好奇、少有长性的，那些长大后优秀的人，童年时期都是有人在敦促鞭策，阅读这件事尤其如此。如果家长能够多给孩子一些关注和支持，假以时日，花开不用静待，芬芳自然会来。

还有一些家长过于焦虑，给孩子选择各种学习内容的时候不假思索，一股脑都上。今天看到一个书单就全部买回来，明天听到一门课程就赶紧报名。但是孩子的时间是不可逆的，以有限的时间去对冲近乎无限的学习内容，不光孩子做不到，家长也做不到。因此对于家长来说，最重要的是要让孩子养成独立阅读和自主学习的习惯，让孩子学会吃鱼的方法，不如教孩子掌握钓鱼的技巧。

而阅读是最好的抓手。

从自主阅读到自主学习

学习是个人的终身行为，并不是只在上学的时候才需要具有的行为。家长要教会孩子自主阅读本质上是希望孩子能够经由阅读的通道，走向自主学习的宫殿，在人类知识和智慧的天空中具有翱翔的翅膀和前进的动力。为什么要让孩子经由自主阅读最终学会自主学习？

主要有下面三个原因。

首先，这是社会对于人才选拔的导向。说得功利一点，家长希望孩子提高阅读能力的目的，是期待这种技能可以直接作用在孩子的考试成绩上，这是绕不过去的话题。可是不妨深入思考一下，孩子面临的考试形式和学习形式，都是以文字、图形和影像等内容为载体出现的。换言之，具有阅读能力，或者说有高效阅读能力是社会发展过程中对于人才筛选的必然要求。当前关于提高语文考试的难度已经成为普遍共识，而语文学习的两条腿，正是阅读和写作。

其次，这是自我解答人生困惑的途径。每个人从小到大都会遇到各种各样的问题，在孩子小的时候，这些疑问和困惑或者由父母解答，或者由老师解答。但这时候的问题永远都比答案多，孩子们的想象无边无际，成年人的回应却总是力有不逮。而且随着孩子年龄的增长，今天解答了孩子的这一个问题，不代表能够永远回答孩子所有的问题。因此，最好的方式是让孩子能自己找到解答问题的途径，而在所有通往答案的途径中，最该掌握的就是阅读。

最后，这是人类自我学习进步的要求。科技在发展，时代在进步，当代社会每天所产生的新知识比古时候一年产生的都要多。在知识的传承和文明的更迭过程中，老师的教授和学生的自学目前还是最主要的方式，而老师教授的目的之一也是激发学生自学的能动性。因此本质上来说，学习还是一件私密的、个人的行为，既是为了自己，也是改变自己。

自主阅读能力培养的三个原则

关于孩子的自主阅读能力培养还有三个原则性的建议供各位家长参考。

第一，精读一本书好过泛读 10 本书。很多家长在培养孩子阅读能力的时候，是走量的路线，衡量孩子的阅读水平也是看孩子读了多少本书作为依据。实际上，不要只看孩子手里捧过了多少本书，而要看孩子心中留下了哪一本。这个世界上有那么多的世界名著，沉淀了古今中外的智慧和文明，能够读通一本就会让孩子受益终生。

第二，好父母胜过好老师。孩子的第一任老师并不在学校，而是在家庭中。大量的经验和事实告诉我们，父母以身作则是最能帮助孩子养成良好学习和生活习惯的方式。老师的教育在孩子的成长中虽然有不可或缺的作用，但是决定孩子将来成为什么样人的，还是父母和孩子的共同选择，不是老师的选择。

第三，坚持长期主义，习惯比方法重要。一个成年人和一个孩子相比，成年人似乎更有韧性，更能忍耐，孩子总是更容易陷入短期主义，注重一时的快乐和偶然的开心。而读书恰恰能够磨炼孩子心性。笔者看到很多家长羡慕别人家孩子写得一手好字，轮到自己家孩子练字，一个月看不到明显效果就觉得不适合自己家孩子。但是坚持到三个月，甚至三年的家长会明显发现孩子的字不可同日而语，这就是长期主义。孩子也要有这种觉悟，那就是读书学习都不是一两天的事儿。如果想要让孩子体会到自主阅读和自主学习的乐趣，那请让孩子变成一个阅读上的长期主义者。

【阅后有思考】

本节探讨了如何帮助孩子从自主阅读到自主学习，我们不妨结合全书的内容再进行最后一个问题的思考，为了孩子的阅读，家长可以做的事情有哪些？

热一碗"耐读"的花生粥

人生探索家系列

陪你读书

《远方不远》

ISBN：9787302475927
定价：49.80元

《大学怎么过》

ISBN：9787302642022
定价：69.00元

《人到老年应当怎样度过》

ISBN：9787302647539
定价：69.00元

《再济沧海——挪威至巴西两万里》

ISBN：9787302496830
定价：69.00元